はじめに

私は30年以上、運送業界一本でやってきた中小運送・物流会社の社長です。創業66年目の老舗企業である株式会社ナルキュウの3代目として、4社の会社を経営しています。

そのうちの一つが、2014年に創立した一般社団法人 日本トラックドライバー育成機構です。当社のドライバーが全国トラックドライバー・コンテストで優勝した翌年、安倍内閣総理大臣を表敬訪問した日を記念して設立しました。

当時は、トラックドライバーの育成を通じて社会貢献することを第一に考え、未来構想をしていました。ところが、私が危惧していた以上に、現在、ドライバー人材は枯渇しています。「育成どころか、その前に採用ができない」という同業者の切実で悲痛な悩みを打ち明けられます。

当社もその例外ではなく、人手不足に頭を抱えていました。

●あらゆる手段を講じて求人活動をしても応募者がない。稀に応募があっても採用まで至

らない

- 面接にこぎつけるチャンスが少なく、求職者に主導権を握られてしまいがち
- うまく採用ができたとしても早期に退職されてしまう。または、戦力になりかけたところで辞められてしまう
- 少ない戦力の中、日常の運行の一人あたりの負担が増え、過労状態が続き、悪循環に陥ってしまっている
- 本来、運行管理をすべき管理者までもが運行に駆り出され、疲弊している
- 採用コストがかさみ、収益を圧迫している

以上のような悩みを、運送・物流会社はいくつも抱えており、採ってはいけない人材を採ってしまうミスも起こりやすくなっています。これ以上このような状況が続けば、モノが運べなくなるリスクさえ発生するでしょう。

過去、我々の業界は「3K＝危険・きつい・汚い」と言われていましたが、現在はそんなことはありません。エアコンのないトラックもなければ、安全装置完備のトラックは当

たり前、整備で油まみれになることももうありません。また、運転以外の付帯作業が多く、運転の時間は（長距離運行を除けば）全体の半分にも満たない現状があります。

そのような誤ったイメージを払しょくし、新たなドライバー職の魅力を伝え、働きやすい環境を整えなければ、今の若い世代を取り込むことはできません。具体的には、

- **イメージがいい**
- **経営トップの顔が見える**
- **教育訓練や福利厚生の体制が整っている**
- **上長や先輩に人間的な魅力があり、自身のキャリアプランが想像できる**
- **安定荷主により経営が磐石**

といったことをアピールすることが、「選ばれる運送・物流会社」になるためのポイントです。

これまで即戦力を中心に戦力補強するのが定石であった中小運送・物流会社は、新たに

未経験ドライバーや女性ドライバーを獲得し、戦力化するノウハウが早急に求められてい若い世代の採用はもちろんのこと、未経験・即戦力を問わない採用、さらには高齢ドライバーの活用も必須となってきます。私の会社では、介護支援や時給制を取り入れ、人員不足を解消しています。

本書は、そうした「選ぶ」から「選ばれる」時代の募集から定着までの具体策を、現役の中小運送会社社長が公開する1冊です。

できるドライバーをうまく募り（①募集）、見極め（②面接）、獲得し（③採用）、育て（④育成）、いつかせる（⑤定着）、5つのノウハウの確立こそが、今後の生き残りにも、業界の発展にも確実につながっていくはずです。

株式会社ナルキュウ代表取締役　酒井　誠

小さな運送・物流会社のための「プロドライバー」採用・定着5つのルール

目次

4章　できる人材を獲得するための短中期計画

5章 採用したドライバーを辞めさせない工夫

6章 ドライバーが定着する会社の制度と対策

7章 高齢ドライバーの最大活用方法

装幀　齋藤 稔（G－RAM）
本文DTP　マーリンクレイン

1章

トラックドライバーが不足する背景

1 問題のほとんどはトラックドライバー不足によるもの

我々運送・物流業界のトラックドライバー不足は、今や社会問題になるほど深刻です。日本の総人口の長期的推移を示す総務省統計局のデータ（図1）からは、2008年をピークに、今後急激に人口減少が続くということが読み取れます。この極端な人口減少に、どう対策を講ずるか深く考えていかなくてはなりません。

特に、若年層の採用難とドライバーの高齢化は大きな課題です。私がこの業界に入った1980年代は、高校新卒のドライバーの卵が数千人単位で採用されていたものです。当時は、今のような状況に陥ることなど想像もしていませんでした。

運送・物流業界の全体像はここ数年、ほとんど変わっていません。2016年に国土交

図1　日本の総人口の長期的推移

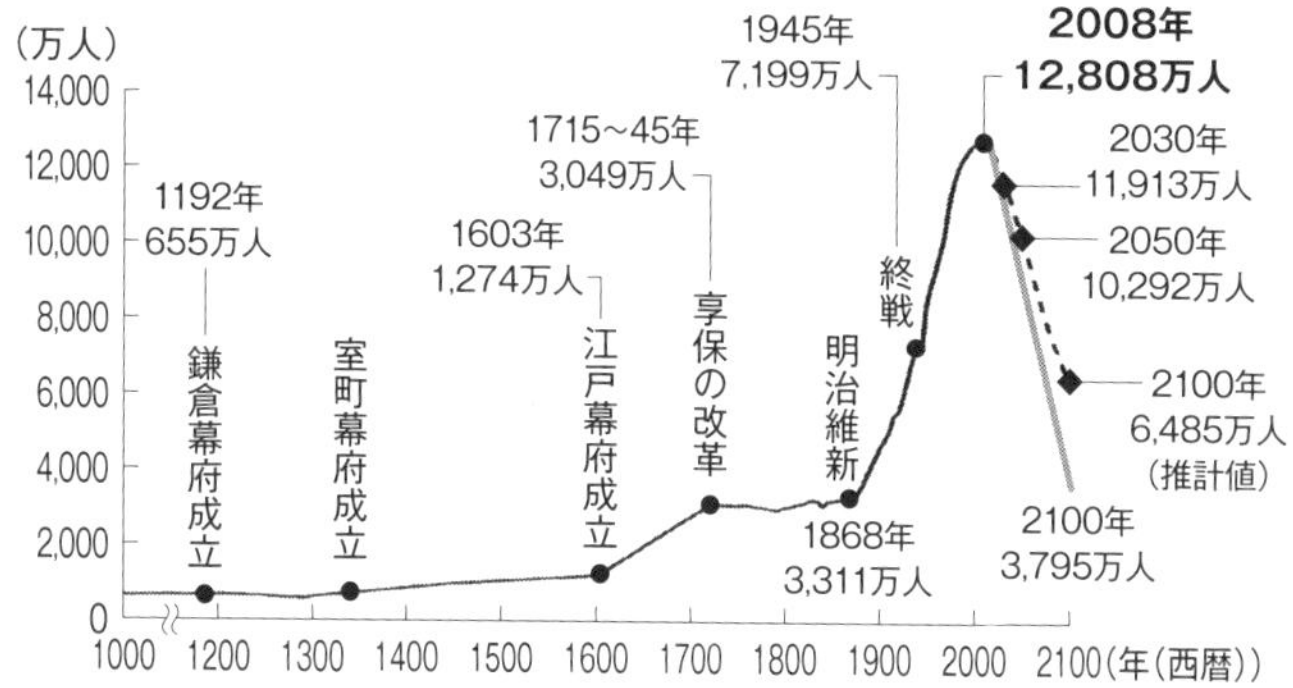

※推計値は出生が高水準で推移した場合の値を採用。出生が中水準の場合は2050年に9,708万人、2100年に4,959万人、出生が低水準では2050年に9,187万人、2100年に3,795万人と推定されている。
資料：1920年まで『図説 人口で見る日本史』鬼頭宏著（PHP研究所）、「人口の推移と将来人口」総務省統計局、2020年から「推計結果比較表」国立社会保障・人口問題研究所

通省総合政策局が発表した資料によると、全産業平均が42・3歳なのに対して、運送業は45・7歳（情報通信業は40歳）と高く、若返りが進んでいません（図2）。

また、業界内部の取引構造も、依然として変わっていません。

業界の現状として、約6万弱の事業者のうち、その90％以上が中小零細企業で構成されています。ほぼ同数の店舗があると言われるコンビニエンスストアにおいては、フランチャイジー（オーナー）は零細事業者が大半である点は同じでも、外国人労働者を含め、幅広い年代の

図2　産業別平均年齢（2015年）

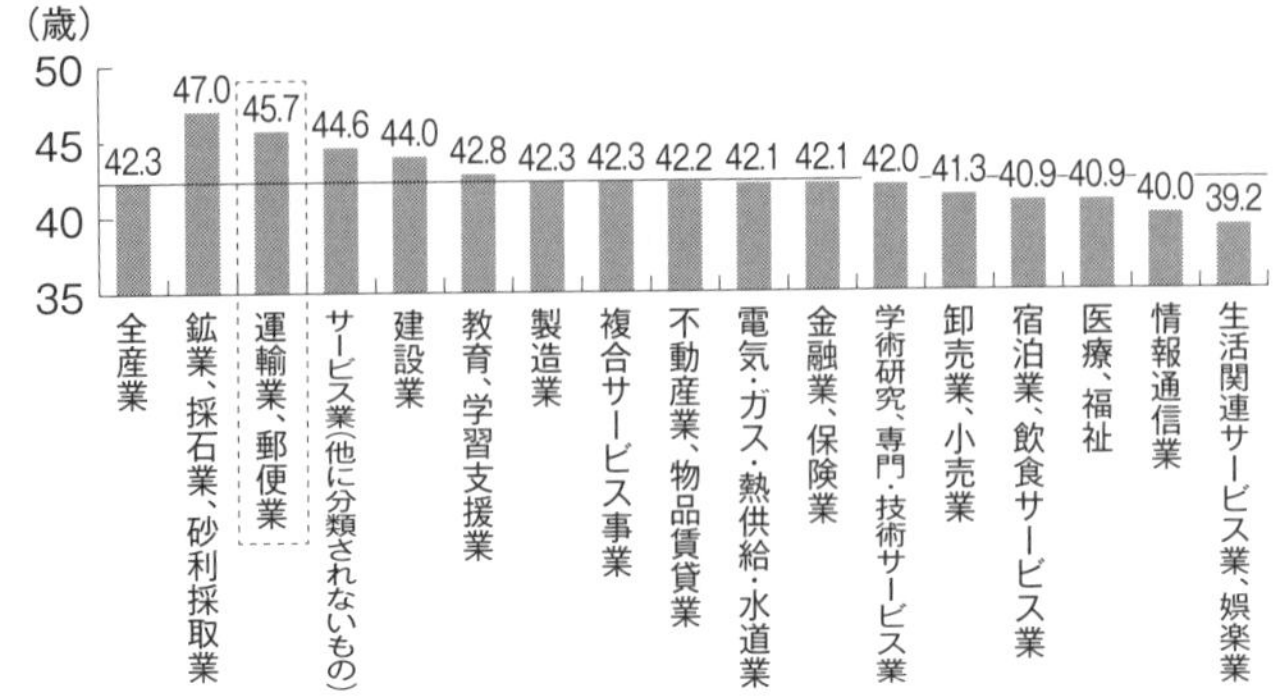

注1：企業規模10人以上の民営事業所。常用労働者における一般労働者（短時間労働者を除く）を対象とした。
注2：調査産業計のデータを「全産業」とした。
資料：厚生労働省「平成27年　賃金構造基本統計調査」から国土交通省総合政策局作成
※国土交通省総合政策局「交通事業における就業及び生産性の現状について」（2018年）参照。

人材を集めながら、苦しいながらも事業運営を行なっています。人員手配の困難や、悪天候による影響などがあっても安易に休業や一時閉店ができないといった厳しい契約下にありますが、運送・物流業界との大きな違いは、ロイヤリティを支払う分、本部からの支援や助言がある点ではないでしょうか。

大手フランチャイザー（いわゆる本部）からの統一されたマニュアルがあり、店員教育のノウハウや店舗運営の方法が明文化されていてルールを徹底しやすく、人手に関しては条件付きながらも本部からの応援体制が整っています。中間マージンを取られながらも丸投げされる取引構造が多い我々の業界とは、成熟度が全く異なっていると感じています。

元請け運送会社は直荷主から輸送案件を受託しますが、すべてを自社の車両やドライバーでこなすのではなく、1次下請け、2次下請けへと中間マージンを搾取されながら実輸送が行なわれています。実際に輸送をする事業者の大半は中小企業であり、元荷主が支払った運賃から30%も低い運賃でこなす事例は決して稀ではありません。「ないもの尽くし」の中小企業にとって、経営はさらに苦しいものになっているのです。

「ないもの」とは、ドライバー人材、優秀な管理者、最新の車両や設備、労働基準法で定められた通りに年間総労働時間範囲内で働く体制や休日を取得させる制度などです。

特に、冒頭でもお伝えしたように、ドライバー人材の不足は実に深刻です。とはいえ、国策である「働き方改革」への取り組みを無視することもできず、本来、管理業務をしなくてはならない運行管理者がドライバーを兼務し、経営トップである社長までもがトラックのハンドルを握るようなケースも増えています。

ここまでくると、「トラックを車庫で遊ばせるわけにはいかない」という健全経営の定石は二の次となり、やむをえず「仕事（輸送）を断る」しかなくなります。

こうなると、下請け運送事業者が普段こなしていた輸送が、元請け運送事業者に返されるわけですが、元請け運送事業者も余剰分の車両やドライバー人材を抱えてはいません。結局は、新たな下請け事業者を探し直します。つまり、**ドライバーを集めるノウハウを持ち、より輸送品質の高い実輸送ができる事業者に仕事が集中している**のが現状なのです。

このような実輸送事業者は、新規の輸送案件にあたり、運賃交渉に関して強気な場合が多いので、元請け運送事業者にとってはコストアップになりますが、背に腹は代えられないところとなります。

ドライバーを集めるノウハウのある運送事業者というのは、比較的若いドライバーや、トラガール（国土交通省が2014年に命名した女性トラックドライバーの通称）などを積極的に採用しています。一方、社長までもが運行に出てしまうような、手詰まり状態に近い運送事業者はドライバーの高齢化が進み、無理も効かず、定年再雇用もそろそろ限界となっています。仮に新たなドライバー人材が補充できたとしても結局はいつかず、企業規模の縮小に歯止めがかからない状況に陥っているのです。即戦力の補充を試み、募集を出しても全く反応がないという深刻な悩みを抱えているのは、大半の同業者の現状ではないでしょうか。

ドライバーを集めるノウハウを持つ会社は、積極的に荷主への運賃値上げを働きかけ、一定の成果を上げています。特に人が辞めてしまうような劣悪な環境を強いられる荷主には強気の運賃改定を持ちかけ、応えてもらえなければ撤退するという意思も持っています。

ところが縮小傾向の会社では、運賃の値上げを持ちかけると、ドライバーの輸送品質や高齢化を指摘され、最悪の場合、運賃引き下げを取引継続の条件として逆提示されてしまい、文字通り「言い損」となってしまいます。また、いったん値上げを容認されても、荷主が新たな運送事業者に見積もり依頼を出し、あっけなく「転注」されてしまうこともしばしばです。

少し言いすぎたかもしれませんが、同じ運送事業者である私の会社も、両方の立場を経験してきたから実感があるのです。当社は規模も歴史もさまざまな複数の営業所（茨城、神奈川、静岡、愛知、三重、岡山）保有していますが、同じ会社なのに、なぜこれほどまでに状況に差が出てしまうのだろうと悩んできました。

しかし、同業者の悩みを聞く機会も増える中で、このような現象は私の会社だけではないことを実感しました。
運送・物流会社では、実にさまざまな問題が起きています。

- **事故をきっかけにしたドライバーの退職**
- **中間管理職が本来の管理業務を投げ出し、ドライバーになってしまう**
- **細かい事故が連鎖して止まらない**
- **現場（ドライバーや作業者ら）が有給休暇を自分本位に取得し始めた**
- **辞めたドライバーが転職先からスカウト活動をして、ドライバーの引き抜きをしている**

これら、ほとんどの問題はドライバー不足に起因しています。

経営側としては、人手不足の中、強く出すぎてドライバーに大量離脱されてしまったら、事業の存続ができなくなるということが脳裏をよぎってしまうのです。しかし、この業界の未来を見据えた経営改善をやっていかなくては、いずれ事業存続していけなくなります。「未来を見据える」と言っても、簡単ではないことは百も承知です。私の経営の信条があります。それは、「よいことは長続きしないが、悪いことも長く続くことはない。悪い時に、いかに前向きに物事を捉えられるかが鍵となるはずだ」です。

これまでにも人材が足りなくなることはありましたが、中途採用でなんとか即戦力を採り、急場をしのいできました。しかし、近年の人手不足はやや状況が異なります。人口減少とドライバーの高齢化を背景に、ネット通販の成長による個配で、さらに人手が取られています。

こうなると、未経験者や女性、新卒者を取り込んでいく必要があります。特殊な業界ですから、世にある採用本にはない運送・物流業界向けのノウハウが求められるだろうと思っています。

2 業界自らが「3K」と発信してはいけない

「採用できない」と嘆く経営者は多いですが、よくあるNGが、経営者自ら「3K」の業界だと思っていることです。

トラックドライバー職はかつて、「3K＝危険・汚い・きつい」仕事だと言われていましたが、現在はそんなことはありません。エアコン装備のないトラックもなければ、安全装置完備のトラックは当たり前、整備で油まみれになることももうありません。

しかし、経営者は呪縛のように、未だに「うちの業界は3Kだから人が入ってこない」という思い込みを抱き続けているのです。これを一切やめてみてはどうでしょうか。

我々運送業は3Kとは言い切れない業界に進化してきています。**3Kだと引け目を感じる必要はない**のです。私はドライバーの面接に限らず、あらゆるところで運送業は3Kではないと言い続けています。

まず、「危険」の面に関しては、交通事故による死者数は、ここ数十年で見ると1994年をピークに激減しています。シートベルト着用の徹底や飲酒運転の厳罰化、幼児期からの安全に対する教育や小学生の登下校時の見守り・見回りといった盛んな地域活動、衝突軽減ブレーキ等の装着装備の進化などが要因として考えられます。我々の職場とも言える「公道」は、もはや「危険がいっぱいの職場」ではありません。

「汚い」については、確かに素手で一日働けば、石鹸では取れないような油汚れも手につきます。しかし、昔のように排気ガスまみれになって、顔を拭くとタオルが真っ黒になるようなことはありませんし、清潔感漂う明るい色目の制服を採用している同業者も増えてきました。

ただし、「きつい」に関しては、まだ課題があります。現在、「きつい」の代名詞になりそうなのが長時間労働です。とにかく、これをなんとかしなくてはなりません。

労働時間を短くするのが**高速道路の整備と利用促進**です。また、**「荷待ち時間」を有償**

化することにより、荷主の理解のもと、時短が進んでいくことで徐々に解消していくと思われます。

一つ、エピソードを紹介します。

以前、同じ運行で、短期間で3名の優秀なドライバーが辞めていきました。原因は、ある大手自動車メーカーの3次下請け工場における作業環境の劣悪さでした。普段の日でも待ち時間は行ってみなければわからない、雨が降ると屋根のない積み下ろしヤードでズブ濡れになりながら、防水用のビニールを被せる付帯作業がドライバーに強いられる……。

私は何度も現場に出向き、元請け会社に環境改善を求めましたが、ほとんど改善されずにいました。その矢先、4人目の退職希望者が出てしまいました。私は決断し、期限付きで、運行の継続のお断りを文書で提出しました。他の業者もドライバー不足による理由で受けるところはなく、元請け会社が現状調査に重い腰を上げ、やっと作業環境の劣悪さが理解されました。

結果、「環境改善と運賃の改定」という善処案をいただいたのですが、再々検討の末、やむなく撤退を決断しました。それは、元請け会社の発言に「運送はそもそも3Kである」という根本的な誤解があると感じ取ったからです。おそらく、改善は一時的なもので終わるだろうと推測できました。

今までお世話になった大切な荷主であることは間違いありませんが、まず「人としての扱い」をしてもらえないことには話にならないと考えています。

少なくとも、我々運送事業者が「3Kではない運送」になるよう工夫を重ねながら、労働環境の改善に努めなくてはなりません。当社は、

- 荷積み下ろし場のエアコンの設置(2拠点)
- 冷水器の設置(3拠点)
- フォークリフトをすべて新型化(1拠点)
- 防寒衣上下を全員に支給
- 車庫への照明の設置
- 給油設備の新設
- 高速道路使用をすべて許可

など、この1年だけでも3Kから抜け出す施策を7つ以上、行ないました。

3 ミスマッチを防ぐドライバー職の魅力の伝え方

私は長年、積極的に未経験ドライバー志望者を採用してきました。皆同じように手をかけて教育するのですが、未経験ドライバーを採用して3年以内で順調に優秀なプロドライバーになってくれる者と、ドライバーを辞めて違う職種に変わる者と、全く違う結果になることに頭を悩ませてきました。前者が多ければ悩むこともないのですが、特に近年、後者のケースが増えてきており、「やはり私はトラックドライバーに向いていないので、別職種を探します」と辞めていきます。

そこで、長年の悩みから導き出した答えが、面接時に「**ドライバー職の魅力が伝わっていない**」ということです。

運転が好きだからと言って、ドライバー職を希望してくる未経験者が想像するドライバー職と現実には大きなギャップがあります。一番のギャップは、運転以外の付帯作業の多さや煩雑さでしょう。以前は、一度出庫すれば、ドライバー職は自由な一面もありましたが、現在はGPSなどで監視されています。また、運転以外の付帯作業が多く、本来荷主がすべきことをドライバーに強いられる場合もあり、運転の時間は（長距離運行を除けば）、全体の半分にもなりません。こうした不満の積み重ねが「辞職」につながっているのです。

このように未経験でトラックドライバーに応募してくる求職者はミスマッチを起こしやすいので、面接時に〝丁寧な〟事前の説明が必要です。いくら事前に説明しても、大抵は自分の都合のいいように解釈するドライバーが多いのも事実です。「聞いてない」「違うように解釈していた」などと言われ、トラブルのもとにもなりかねません。

事前説明をどんな内容で行なうのかというと、

- **運転スキルはもちろん、荷扱いや、荷主の製品などの知識やルールをしっかり覚えてほしい**
- **運転する時間は全体の半分以下で、付帯業務や荷待ち時間のほうが長い**

●新車は早くて入社3年以降で、日頃の洗車やメンテナンスの状況によって決める

といったことです（詳しくは、次章で説明します）。

優秀なプロドライバーに育つ者は、やっていることは同じでも、捉え方が違います。辞めてしまうドライバーは「ドライバーなのに余計なことをやらされている」と捉え、プロドライバーに育つタイプは「最初から聞いていたし、やりたいこと（運転）がやれる分、付帯業務は仕方ない」と捉えています。

私は面接時、ドライバー職の魅力をあらかじめ伝えるように努めています。代表を務める一般社団法人 日本トラックドライバー育成機構の初任ドライバー向け講座では、「トラックドライバーは、昔ほど自由気ままな職業ではないし、大きく稼げる職業でもないが、その魅力は日々完結していく仕事であること。そして、自分の裁量で仕事できること」と伝えています。

「日々完結する」というのは、無事に荷物を運んで帰社すれば、いったんリセットできるということです。

運行管理者と比較すると、管理者にはエンドがありません。次々に配車をこなし、全車両が車庫で停車している瞬間があるとすれば、元旦くらいではないでしょうか？　それすらない運行形態の運送事業者も少なくありません。一方、ドライバーは、トラックのキーを運行管理者に返せば、いったんリセットして翌日が迎えられます。

さらに、運行ルートの選択、昼食（休憩）を食べる場所や時間、長距離運行中の寄り道（土産を買う程度）、荷積み荷下ろしの方法など、自分の裁量で仕事ができるのも魅力です（経営者の価値観によって、各社、許される裁量は異なると思います）。

ちなみに、私が8年間、ドライバーと兼務で社長をしていた頃は、部下のドライバーと一緒に走行するのが大嫌いでした。複数台で地方へ運行する際は、あえて休憩場所を変えたり、最後に荷下ろししたりして、単独での運行を好んでいました。もともと、人の走行ペースに合わせることに危険を感じていたことが大きな理由ですが、そういうタイプのドライバーは結構多いと思っています。

トラックドライバーの魅力は一言で表現できるものでもありませんが、「人手不足を解消したい」だけの思いで、面接で安易に語ってしまえば、結局はギャップが生じ、すぐに辞められてしまいます。これは大きな機会損失と費用の垂れ流しです。

自社の特長も交えながら、「ドライバー職の魅力の伝え方」を研究することが、採用のミスマッチを防ぐ第一歩です。

4 ないもの尽くしの中小6万事業者

本章1項では、中小6万事業者に「ないもの」とは、ドライバー人材、優秀な管理者、最新の車両や設備、年間総労働時間範囲内で働ける体制や休日を労基法通りに取得させる体制などと触れました。もう少し具体的に述べていきます（もちろん経営者の努力があったり、いい荷主に恵まれ業績好調な事業者もありますので、中小事業者の平均的なモデルという位置付けで述べていきます）。

●ドライバー人材

最近ではハローワークや求人誌に募集を出しても、「応募の電話すら鳴らない」という嘆き節をよく聞きます。当社の岡山営業所も、その状態でした。

岡山営業所は総勢で13名の小さな所帯ですので、1人の入社または退社が大きく事業運営に影響します。上長にとっては、顔色の良し悪しや部下の家庭の事情などが手に取るようにわかる規模なので、「辞めたい」と言い出す気配も敏感に感じ取れます。

人数が少ない営業所では、ジョブローテーションや交代勤務、平日の有給付与は容易なことではありません。運行に穴を開けるようなことをすれば、営業所の存続自体が危ぶまれるため、無理をさせてしまうことも否めません。

中小規模の事業者におけるドライバーの退職理由の多くは「低賃金」「少ない休日」「職場環境の悪さ」、そして「将来性への危惧」です。低賃金は運賃が上がらないことにはなんともなりません。休日は荷主次第と言っても過言ではなく、完全週休二日制の荷主企業でも、生産設備をフル稼働させたいために交代勤務で操業するので、物流は止まりません。

止まらない物流を支えていくことは、中小零細企業にとっては容易なことではありません。荷主も、安定輸送を担保するために複数の運送事業者に輸送を分散させ、ライバル関係もうまく作用させながら運賃の高騰も抑えています。そのような中で、小規模の組織が荷主の安定輸送を支えていくためには、部下であるドライバーを「見守る」「味方になる」

「親身になる」ことが重要です。

具体的には、健康を損なうような運行が続いていないか、荷主をパトロールしてドライバーの業務に支障が出ていないかを「見守る」。残念にも、事故などトラブルを起こした際には、責めるだけではなく、ドライバーの立場になって「味方になる」。そして、仕事に対する厳しさを持ちつつも、「親身になって」私生活や健康面に気づかう。上長がこれらの意識を持って、人材の採用や育成に臨むことが求められます。

●優秀な管理者

小さな会社でも、経営の屋台骨を支えるような管理者がいる場合もありますが、一般的には、中小企業では優秀な管理者が不足しているのが現実です。

私が考える優秀な管理者の要素には、次の10点が挙げられます。

①(行動力) 指示待ちではなく、主体的に行動できる

②(問題予見能力) 問題やトラブル、事故を未然に防止する予見ができる

③(組織編成力) 定着率のいい組織作りができる

④（伝える力）人を募り、入社したいと思わせられる面接力がある
⑤（方針理解力）会社方針や行動指針を理解し、具現化する行動と判断ができる
⑥（育成力）部下の育成と後任育成ができている
⑦（現場把握力）現場の状況を把握し、的確な指示が出せる
⑧（発想力）新しい発想や先見性がある
⑨（営業力）新規荷主を獲得するまでではないにせよ、荷主への前向きな対応ができる
⑩（利益創出力）会社に利益をもたらす考え方、働きができる

これらをすべて兼ね備えた管理者にはなかなか巡り合えるものではありませんが、やはり大手にはこのような力を保有する優秀人材が多くいます。

その理由の一つが、「育つ環境」があることでしょう。この環境が、中小企業ではなかなか整わないのです。それは、お金を投じる優先順位がそもそも異なるからではないかと、私は考えます。将来を見据えた管理者教育よりも、目先の人集めに経費をかけざるをえないということです。今後いい採用をするためには、管理者育成も必須の取り組みになると思っています。

●最新の車両や設備

最近は整備士のなり手も少ないこともあって、車両が故障をするとアッセンブリで部品交換され、高額修理になることが多いように思います。職人的な整備士が多数いた頃は故障箇所を速やかに見つけ出し、必要な部品だけを交換修理してくれたので、費用もかさまずに車両の保全ができました。古い車両でも、修理を重ねながら稼いでくれたものです。

しかし、今は昔に比べ故障しづらくなっているものの、車両購入価格はどんどん値上がりしている状況です。運賃は上がらないのに、車両価格は高騰の一途を辿っています。おまけに故障すると、高額な修繕費がかかります。

マージンを差し引かれた運賃で下請け実輸送をする中小事業者は薄利で操業しており、高年式の車両を揃えたり、自社整備工場を保有するということはできないので、車両の延命を図りながら、ギリギリの状態でつないでいるのです。

また、設備という点でも大手とは違います。当社も創業の地、鳴海（名古屋市緑区）で運営していた頃は、4トン車9台を横3台3列で車庫に格納していました。住宅街の中に車庫がありましたので、最後列のトラックを一人で出庫する際は、本当に手間と時間がかかりました。現在は移転により、そういった苦労はありませんが、その時代の苦労話を古参社員がしても、当時在籍していた者くらいしかわかりません。大手になかなか中小の実情が理解されないのと同じなのかもしれません。

●体制

そして、最後に大手とは「体制」に差があります。有給休暇の高い取得率、配置転換などによる人事交流、昇進昇格に対する取り決め、外部研修への積極参加、多様な働き方を選べる体制などです。

中でも、中小企業が最もスピード感を持って手がけるべきなのは、多様な働き方ができる選択肢を作ることではないでしょうか。

２０１８年、私は当社の65周年を記念して、荷主への贈り物を用意し、1件1件訪問して手渡しました。その際に荷主の声を直にお聞きでき、決断したのが**「ドライバー採用部」**の発足でした。

「ドライバーが足りない」「競合する同業のドライバーが高齢化して、先が不安だ」「増産体制を進めたいが、増便は可能か」という荷主の声を取りまとめたところ、「2年間で60名のドライバー増員をすることができれば、大きく飛躍できる」と考えたのです。

単なる60名の採用ではなく、退職者を除いた純増60名です。そのためには、採用と定着を同時に実現できる体制が必要になります。

それまで、営業所長が採用業務を兼務していましたが、人手が足りない時に運行に出なくてはならないことが多く、応募があっても面接するタイミングが取れず、機会損失することもありました。また、上長が不在の状態が続くと、マネジメントが疎かになり、結果として新たな退職者が出てしまうという悪循環が出始めます。そうなると、組織の崩壊に近付いていてしまいます。

「ドライバー採用部」の狙いは、人が採れない時代の**採用のプロ化**と、上長が採用業務から解放されることで**「定着」に注力できる体制づくり**です。２０１８年9月にドライバー採用部が発足して以来、当社ではドライバー13名を含む26名の採用ができました。ドライバーが増員できたことで、上長が現場に駆り出される機会が減って、本来のマネジャー業務に集中できる体制に戻り、ドライバーの定着率も上がってきました。

ドライバー採用部の成果の中でも、「パートドライバー」採用の実現は、多様な働き方を求める層にヒットしています。

5 「稼げた過去」を引きずる業界体質

以前は、起業や独立など夢を叶えるために、手っ取り早い転職先として「トラックドライバー」という発想がありました。その背景には、休日返上を惜しまず、超・長時間労働をし、安全は二の次とも言えるような荒っぽい働き方がありました。

しかし、今の時代にそういった働き方は当然許されませんし、そもそも、そのような「がむしゃらに稼ぐ」モチベーションを持ち合わせた人物も激減している傾向があるように思います。

何よりも、運送のコスト構造が大きく変わりました。ここ数十年にわたって、運賃が上がらない運行も決して少なくないにもかかわらず、運送にかかるコストは上がる一方です。燃料価格の高騰、軽油引取税の増税、排ガス規制対策などによる車両価格の高騰、高速道路整備が進んだことによる道路通行料比率のアップ……。

これらに起因した最たるものが、ドライバーの賃金低下です。各種コストアップのため、以前は支払えた高水準な賃金が支払えなくなっています。要するに、稼げる仕事ではなくなっているのです。

なぜ、昔は稼がせることができたのかというと、

- 今ほどコンプライアンス維持コスト（デジタルタコメーターや過積載への規制強化など）がかかっていなかったので、人件費に回せた
- 労働時間に対する制約がほぼなかった（やりたいだけ仕事をさせられた）
- 事業者数も4万者ほどで（現在は6万者超）、比較的競争が少なかった（規制緩和による免許制から許可制への移行でライバルが増えた）
- 単純輸送が多く、手間をかけずに大量に運べた（多品種小ロット輸送と対義）
- 1台のトラックが稼いでくる運賃総額が高かった（高速道の速度規制、過積載への厳罰化、休日の増加、ドライバー不足による休車、料金化できない待ち時間の増加、都市部の渋滞の激化などで大きく下落）

といった条件があったからです。

しかし、ひと昔前のような状態に戻ることはありません。大きく稼がせることができなくとも「割の合う」仕事にしていく工夫があれば、ドライバーにとって「魅力ある」仕事になると私は考えます。

具体的には、法定休日と有給休暇をきちんと与え、残業時間上限規制を守った働き方ができ、道路交通法に沿って過積載せず、同業同士が協力して車両の積載率を上げる運び方を模索する中で、ドライバーに「割に合う」仕事を地道に作っていくことです。これには、荷主との連携が避けられません。生産性の高い運行が増えれば、少ないドライバー数で効率よく運ぶことができます。これが「割に合う」仕事に直結すると考えています。

これは、「会社」「ドライバー」「荷主」がうまく連携して生産性を上げるという目標を作っていくことにもつながります。

これからは、「稼がせる」だけではない、ドライバーの眼が輝くような目標を作ってやることが成功の鍵になってきます。目標設定への工夫のなさが、ドライバー不足を助長している原因の一つとなっていると、私は考えています。

6 単独ドライバーで完結できた運行を、複数ドライバーで対応する現状

ドライバーが不足する背景の大きな原因の一つとして、総労働時間規制強化により、運転の時間が減っていると述べましたが、当然、1人が走行する運行距離も明らかに少なくなっています。かつては単独ドライバーで完結できた運行を、複数ドライバーで対応しているのです。

一般の方たちには、未だに映画『トラック野郎』のイメージが強く、トラックドライバーと言えば「長距離を走る運ちゃん」と思われています。しかし、昨今は総労働時間規制だけではなく、連続拘束時間規制（16時間）があり、例えるなら、九州から東京まで同一のドライバーが月に5～6回も往来できないことになっています。

当社でも、以前は広島から栃木まで長距離ドライバーが1人で運行していました。しか

し、今では中継輸送により、①広島↓岡山、②岡山↓三重経由↓愛知、③愛知↓静岡、④静岡↓神奈川、⑤神奈川↓栃木と5つのコースに分けて運行しています。

当社の場合、たまたま主要荷主の主要工場の立地に合わせて拠点展開をしたことで中継輸送が実現できたのですが、このために1名から5名にドライバーを増員しました。おかげでドライバー全員が自分の家の布団で眠ることができ、トラックのキャビンのベッドはほとんど使っていません。

これは時代的にはいい取り組みなのかもしれませんが、この中継輸送が業界のスタンダードになっていったとしたら、ドライバーを大幅に増員しないと輸送が成り立たなくなります。荷物そのものを移動させる距離（輸送総距離）は大きく変わっていないのに、ドライバー1人当たりの移動距離がどんどん短くなっていけば、この人材不足の中、やっていけるものか甚だ疑問です（7章で述べますが、高齢者ドライバーをうまく組み込んだ中継輸送がかなうのであれば、うまくいくと個人的には思っています）。

確かに、「地場（中継）輸送ドライバー募集」はなり手が見つかりやすく、長距離ドライバーにはなかなか応募がない昨今です。それは「そこまで無理しなくてもやっていける」

という風潮があるのではないかと考えます。

私が現在の立場になった1990年代は、若い求職者が求めていたのは「稼ぎ」でしたが、今時の若い求職者は「自分の時間」というようになりました。

この風潮は我々の業界に限ったものではありません。一定のニーズはあっても24時間営業が続けられなくなったファミレス業界の動向が、この「そこまで無理しなくてもやっていける」という風潮を象徴しているように思えます。

既存の運行形態に合うドライバーの採用を目指すのではなく、未経験者であっても働きたい人を採用し、育成し、増員を図っていく。つまり、仕事に人を合わせるのではなく、人に仕事を合わせていくということです。これからの時代、ドライバー不足を解消し、運送業務を継続・維持するためには、欠かせない発想だと思います。

COLUMN 1

「ドライバー採用部」のスタート

私は17回のフルマラソンを完走した。マラソンは42.195キロというゴールが決まっているから、気楽に走れるのだろう。よく人生はマラソンに例えられる。しかし、人生はゴールがあらかじめ決まっていない。ゴール設定が事前に知らされないマラソンがあったら、相当つらいかもしれない。

目標は文字通り「完走」で、制限タイムに引っかかることがないようにだけ気づかって走り、無理なく楽しむことができ、ゴールした瞬間から、また走りたいと思える。

マラソンは、普段なかなか持てない、自分に向き合う時間だ。一番苦しい時に萎えてしまう自分、または力が湧いてくる自分。何かをコントロールしようとしている時期は自分に負けることが多いが、何かにチャレンジしている時期はつらい上り坂でゴボウ抜きの走りができる自分がいる。ゴール地点は「チャレンジし続ける自分でいたい」と心底思える瞬間である。

私は今、ドライバー採用のプロ集団「ドライバー採用部」を発足させ、事業の発展を支えるためのチャレンジをしている。2名のスタッフで走り始めたばかりだが、いいスタートが切れている。しかし、スタートから快調な時ほど落とし穴も多いのが、マラソンから得た教訓でもある。人口減少が続く中でのドライバーの採用は、多難を極めることだろう。採用とマラソンを比較するものでないかもしれないが、「無理せず、慌てず、辛抱強く」という点では心構えは同じである。

今後、この人生で何度フルマラソンを完走できるかわからないが、私はチャレンジし続けたい。

2章

「選ぶ」から「選ばれる」時代のドライバー求人・面接術

1 ドライバーが集まる求人のコツ

1章でもお伝えしたように、ドライバー不足は深刻化する一方ですが、その中でも着実に人を採り、戦力化し、企業規模を拡大しながら実輸送事業者として成長している同業者は確かに存在します。

本章では、運送・物流会社がいかに人材を獲得するか、求人から面接まで、採用の流れに沿って、お伝えしていきます。

まずは求人についてです。

やや失礼かもしれませんが、わかりやすく例えるなら、魚のいない（求職者がいない）釣り堀（求職サイトや求人者が見ていない求人広告など）に餌をつけた釣竿（好条件な求人内容）を投げ入れる（掲載する）ような無駄なことをしても、業者を儲けさせるだけで意味がありません。

しかし、求人も釣りと同じで、魚（求職者）がいるかどうかなど、事前にわかるはずがありません。質はともかく、少なくとも求職者が存在するのが「ハローワーク」です。運送・物流業界を志望する人は少ないかもしれませんが、それでも職を求める人が応募を探したり、失業した人が再就職手当などを申請するためにハローワークに足を運ぶ機会は必ずあります。ここを外すべきではありません。まずはハローワークで求職者を募ることをお勧めします。

ハローワークは、**求人担当者が足を運ぶ**という条件付きで有効です。それはどういうことかと言うと、ハローワークの求人担当職員は大ベテランであることが多く、多くの応募がある中、人手獲得により熱心な会社の担当者に対して力を注いでくれる傾向があるからです。

また、逆に求職者が過剰な時に面接に応じてくれた、あるいは採用してくれた会社に対して恩義を忘れず、いい対応をしてくれます。これは高校の就職担当の先生にも言えることです。昨今は少子化と大学の進学率の上昇によって、就職する新卒高校生は少数派です。だからこそ、就職難の時期に生徒を受け入れてくれた会社を覚えており、この人手不足の時期に優先して高校生を紹介してくれる傾向があります。今からでも遅くはないので、地元の高校などにアプローチしておくべきでしょう。

一見、古い手法に思われたかもしれませんが、こうした地道な活動が、先々人手を確保する上で重要な手立てになることは明らかです。

次に求人サイトや求人広告です。魚がいる釣り堀（求人者が見ている場所）を厳選しなくては、魚が釣れません（採用できません）。リクナビやマイナビ、indeed などのネット求人、「はたらいく」「タウンワーク」「Yellow Book」「バイトル」「フロムエー」などの求人雑誌、新聞・チラシ広告などさまざまな媒体があり、その厳選方法が焦点となるのですが、容易ではありません。

私の会社は茨城、東京、神奈川、静岡、愛知、三重、岡山と7カ所に拠点がありますが、7都県で7通りの傾向があります。ネット求人が有効な地域、無料の求人広告が有効な地域、有料の求人雑誌が有効な地域など、打ち手がすべて異なります。

比較的安定しているのが、ネット求人です。やはり若年層が見ていることが明らかです。

人が集まるネット求人のポイントとして、

①求人情報に載せる文章
②求人情報に載せる画像の選定
③求人情報に載せる条件面の記載内容

の3点が挙げられます。①→②→③の順番で重要度が高くなっています。

①求人情報に載せる文章

求人情報の文章のコツは「差別化」です。「うちはここが同業者の中でも自信があるよ・特長だよ」というフレーズです。

当社のフレーズは、「駅伝ランナーのような物流会社です。走る・つなぐ・サポートする！　温かい仲間がいるからこそ頑張れる！　もちろんドライバーの健康づくりにも気を使っています」で、社内アンケートをもとにして作りました。「育成」に力点を置いているという文章を多用しているのが特徴で、反応はすこぶるいいようです。

ただし、一点、注意が必要です。それは、事実とかけ離れた内容を載せてしまうことです。求人情報は、在籍中のドライバーや過去に在籍していたドライバーがしっかり見ています。あまりに事実と異なる場合には、掲載会社に通報されたりすることもあるので、注意が必要です。

②求人情報に載せる画像の選定

求人情報として載せる画像は、大変重要です。ドライバー＝トラック画像という固定観念を捨ててもいいように思います。トラック好きで応募してくる求職者はもちろんいますが、「働くイメージ」として大切なのは、やはり「人」です。

当社では、意図的に20代、30代、40代、50代の社員を一人ずつ、男女を交えながら、笑顔あふれる画像を使ったところ、突出していい反応が得られました。狙いとして、「若年層は飛躍性、中年齢層は安定性、高年齢層は健康志向と仕事がきつくないイメージ」を表現しました。狙いに合った、メッセージのある画像を選定するといいでしょう。

③求人情報に載せる条件面の記載内容

求人情報に載せる条件面は、ここに嘘や誇張があると大きく信頼性を失うだけではなく、面接時に聞いた掲載と異なる情報への苦情など、求職者からの通報により、以後、掲載自体ができなくなることもあります。給料面以上に、労働時間、残業時間、休日には細心の注意が必要です。

また、在籍者の条件面との整合性も大事です。人が採れないために、苦し紛れにいい条件を掲載してしまったのを在職者が知り、トラブルになった事例も耳にします。まずは在職者の条件を改正してから、求人情報に反映させなくてはなりません。

なお、各所に出す求人情報は、常に最新のものに更新しておくようにしましょう。いつ見ても更新されていないと、信頼感がないのはもちろんのこと、採用に対する熱意も伝わりません。

2 未経験者を獲得するための求人の工夫

未経験ドライバーを採用することを敬遠してきた会社も、昨今の深刻な人手不足により、これまでの即戦力以外は採りたくないという姿勢に限界を感じ始めています。ただ、未経験者の採用に踏み切るにあたり、未経験者を一から育てるノウハウもなければ、育てる人材も見当たらない。結局は採用を断念する——というケースをよく耳にします。

未経験ドライバーを採用するためには、どのように準備を進めればいいかを考えてみましょう。

まずは未経験者が応募してきやすい求人のやり方の工夫が必要です。求人情報にいきなり「未経験者歓迎」とだけ入れても残念ながら応募は増えません。「なるほど、それなら応募してみよう」と未経験者に思わせることができないと、応募は増えません。具体的な仕事のイメージを連想させるのがコツで、例えば、「ワゴン車での輸送業務からスタートしていただきます」などが理想的です。

まずは未経験者でもチャレンジできる、具体的な仕事を作るところから始めなくてはなりません。

「そこまでしなくちゃ未経験者は採れないの？」と思われるかもしれませんが、これは失敗を避けるという意味で、参考になる手法なのです。逆のパターンで高い確率で失敗する手法が、未経験ながら大型自動車免許を取得した上で応募があった場合などに「大型免許あるんだよね。4トンくらいならすぐ乗れるね」と、導入教育もせずに現場に出してしまう事例です。「教える人もノウハウもないから仕方ない」というのが本音かもしれませんが、これはとても乱暴なやり方です。偶然、その未経験者が器用で前向きな人だったら独り立ちすることもあるかもしれませんが、大抵は、高い確率で事故を起こしやすいドライバーになるだろうと想像できます。

未経験者を受け入れるにあたり、考え方のコツがあります。それは、「**教えていないこ**

とはできない」という考え方です。「背中を見て覚える」「先輩の技術を盗む」が当たり前という考え方から、発想を転換する必要があります。

私は8年間ドライバーを経験しましたが、私こそが誰にも教えられずに現場に出されたドライバーでした。どれほど不安で、また危険な目にあったか。教えてもらわないリスクを身をもって経験したからこそ、ドライバーの育成に力を注いできたのです。これは経営者が発信しなくては出来上がらない風土であると考えています。未経験者が育つ土壌作りには効果を発揮すると確信しています。

未経験者を受け入れるための考え方や具体的な育成方法が固まれば、求人情報に盛り込んでいく中で徐々に応募が増えていくはずです。すると相乗効果も働き、即戦力からの応募が増えていくものです。それは、会社の姿勢が整っている印象を感じ取ってくれるからではないかと感じています。

3 応募されやすい会社の特徴

人手不足の時代でも、ドライバー職の求人に応募が来る中小運送・物流会社は確実にあります。それらの会社には、次のような「応募されやすい」特徴があります。

①オンリーワンの取り組みをしている
②仕事に2つの「楽」がある
③荷主との連携が現場に表われている
④会社の沿革に「成長性」「先見性」「柔軟性」が見られる
⑤「伝える力」を持っている面接者がいる

一つずつ、詳しく説明していきましょう。

①オンリーワンの取り組みをしている

オンリーワンと言っても、難しく考える必要はありません。他社の真似ではなく、独自の発想で始めて続けているものなら、どんなものでもかまいません。

当社で言えば、2005年から続けている「ナルキュウカップ」という全社イベントです。ナルキュウカップでは、全社員が年1回、4月に愛知に集結し、2つの目的で開催してきました。①7都県にわたる拠点展開をする中、交流する場、②プロの技術を伝承する場として、トラックやフォークリフトの運転操作技術を営業所対抗で競っています。

手間もお金もかけてきましたが、どういった価値があるのかと言えば、「社員による工夫」が加わり、年々進化し続けているということです。このイベントを通じて、全国トラックドライバー・コンテストに8名と全国フォークリフト運転競技大会に1名の出場につながり、人材育成のノウハウが出来上がりました。これが当社のオンリーワンの取り組みです。

これを採用時の面談では強調するようにしています。ここで「面倒な会社だな」とか「休日を仕事以外の余分なことやイベントでつぶされるのは嫌だな」と受け取る求人者は入社に至りません。一見、デメリットにも思えるかもしれませんが、納得して入社してもらった人材のほうが簡単には辞めませんし、戦力になりやすいのです。

現在、有効求人倍率が3倍を超えたと言われるトラックドライバー職です。1人の求職者に3社以上が争奪戦をするということですので、求職者にインパクトを植えつけることができるオンリーワンは、いい人材を採用する上で十分な武器となります。

②仕事に2つの「楽」がある

求職者にとって応募のきっかけは「なんとなく興味が湧いた」「楽しそうな会社かと思って応募した」「やっていけそうな印象を持った」と漠然としたものではありますが、求職者の気が引けないことには応募すらないのが昨今の求人状況です。求職者がどういったことに反応するかは、予想に反することが少なくありません。求人情報会社の助言などは全く参考にならない場合もあります。やはり、自社のことは自分で考えなくてはならないのです。

当社で最近、大きな戦力が得られた募集として、「コツコツと、黙々とできる仕事です」

というフレーズに応募が集中したことが挙げられます。一見、ネガティブにも捉えられそうなフレーズですが、黙々と業務に没頭できそうなイメージに「気楽さ」を感じ取られたようです。

求職者が応募しやすいキーワードは「楽」です。何もワイワイ、ガヤガヤだけが「楽しい」ではありません。孤独を楽しむ人たちも多いのです。事例と言えるかどうかわかりませんが、昨今「ソロキャンプ」がブームとも聞きます。キャンプと言えばワイワイと多くの仲間で楽しむものというイメージがあるかと思いますが、一人で気ままに静かに楽しむキャンプもありということです。

私の場合で言うと、学生時代、好んで引っ越しのアルバイトをしていました。なぜなら、若い人たちが活躍しているイメージがあったからです。決して楽な仕事ではありませんでしたが、顧客が毎日変わるので日々変化があり、いろいろな出会いもあって、さまざまな場所にも行けます。最後の搬入が終わると依頼主にお礼を言われて達成感もありましたし、ベテランアルバイトになるとランクと共に時給が上がるため、やりがいも感じられました。肉体的には「楽」には見えませんが、精神的には「楽」に思えたということです。

運送・物流業の仕事も同様に、「精神的にはきついが残業はなく、きっちり終われる美

図3 「育成する会社」のイメージを押し出す前後の応募数の変化

	2017年度			2018年度			2019年度		
月	応募数	採用数	採用率	応募数	採用数	採用率	応募数	採用数	採用率
10	15	3	20%	3	0	0%	**26**	**6**	23%
11	5	1	20%	5	1	20%	**23**	**4**	17%
12	8	3	38%	4	1	25%	**30**	**3**	10%
1	3	0	0%	8	6	75%	**31**	**7**	23%
2	2	1	50%	5	0	0%	**26**	**2**	8%
3	5	2	40%	7	2	29%	**27**	**4**	15%
4	12	7	58%	4	0	0%			
5	3	0	0%	2	0	0%			
6	5	0	0%	1	0	0%			
7	14	6	43%	3	0	0%			
8	2	0	0%	3	0	0%			
9	6	3	50%	**34**	**6**	18%			
合計	80	26	33%	79	16	28%	**163**	**26**	16%

2018年9月より、「育成する会社」というイメージを前面に押し出し、求人広告やネット求人に掲載して募集した結果、
①応募者の急増……育成に力点を置く会社に応募が集まる傾向が見えた。
②採用率16%維持……人材を選ぶことができる。6人に1人はいい人材が来ている。
③採用率が突出する月がなくなった……応募者が少なく必要人員が多いと、採用基準を落としてでも人員確保に走る危険な傾向になりがち。

術品などの高価な品物の輸送」「拘束時間は長いが、肉体的には負担がとても少ない長距離の輸送」など、いかに「楽」なことを際立たせて表現するかが重要なのです。求人や採用に限らず、育成段階でもこの「楽」が重要になってきます。

③荷主との連携が現場に表われている

当社が20年以上の取引を続けさせていただいている大手自動車メーカーの部品を製造するY社があります。運行の特徴として、①運行車両が2トン車であること、②規則正しい労働時間であること、③その取引先で接する関係者に若い人材が多いこと、この3つの要素が揃っているために、若手の未経験者の登竜門として、これまで20名以上のドライバーを送り込んできました。

ここで1年くらい仕事をこなすことができれば、他の荷主でも十分通用するドライバーが育ちます。Y社のY社長には、「長年にわたり、新人育成の場という位置付けになっており、恐縮です」と、お会いするたびに頭を下げ続けています。しかし、若い人材が好きなY社長は、「ナルキュウさんの若いドライバーさんは、いつも見ていて気持ちがいい。気にしなくていいよ」と理解を示してくださいます。特別運賃が低いわけではありませんし、荷主との良好な関係性に尽きると感じています。

おそらく、当社に限らず、人の育成に対して理解してくれる荷主は存在するのではないでしょうか。1章で、営業所によってレベルはさまざまであると述べましたが、そのバラツキの大きな原因が、荷主との連携度合いや、荷主の物流に対する考え方の違いです。極端な言い方をすれば、会社や荷主から「人間扱い」してもらえないドライバーは辞めていきます。「お疲れさま」「ご苦労さま」の一言がない職場には、「お前たちの代わりはいくらでもいる」という本音が少しはあるのかもしれません。

一方、Y社のようないい関係性が構築できている荷主先では、「荷主を思う心」で動くドライバーが育ちます。このようないい荷主を得ることが、採用や育成がうまくいく要因になっていると思うのです。

荷主とのいい関係性を築くためには、期待以上のサービスが肝心です。ここをしっかり採用時に求職者に理解してもらうことが、「採用できる」「プロドライバーが育つ」仕組みを構築する上でのポイントになると確信しています。

④会社の沿革に「成長性」「先見性」「柔軟性」が見られる

会社の沿革に「成長性」や、時勢に乗っている「先見性」「柔軟性」が見える会社とは、会社の歴史を辿った時に「チャレンジ精神」が垣間見えるかどうかです。将来的に戦力になる人材ほど、ここを冷静に見ていることに気づきました。

公表されている会社の沿革には大抵、「経営不振により営業所閉鎖」のようなマイナスの事柄の記録は残されていません。どんなところにチャレンジ精神が見えるかというと、ＩＳＯの認証取得やグリーン経営、Ｇマークの取得、新規事業への参入、海外への進出などです。

最も重要なのが、優良荷主との深く結びついている歴史やいい関係性や前途洋々な将来性です。前出のＹ社は、高校新卒者が毎年入社する魅力ある技術先端企業です。特に未経験者を送り込むには最適で、「こんなに人材が豊富な優良な会社と、長年取引できているナルキュウは安心して働けそうだ」と、採用間もない時点で新人ドライバーに感じ取ってもらえるようです。私は「荷主に育ててもらったナルキュウ」であることを、ドライバーをはじめとする部下らに伝えるようにしています。今後もしっかりと荷主と話し合い、長い目で見た人員の確保と、地道な人材育成策への理解をしていただくことが重要であると荷主にも認識していただくことが大切です。

荷主の協力を得つつも、さらに重要なのが社内の意識改革です。「募集をかけても募集がない」といった状況を打破するために大事なポイントです。

まず、求職者が応募してくる会社の特徴というのは規模や安定性だけとは限りません。求職者自身の力量を自覚して、「やっていけそうな会社」を模索するものです。通勤する上で近距離であるなどは重要な要素ですが、転職希望者はシビアに「現状より条件がよくなる前提のやっていけそうな職場」を求めて活動しています。

そうなると、転職候補先の会社の沿革は重要です。いい人材ほど、自身の成長と会社の「成長性」をリンクして考えています。成長する会社に所属して、自分自身も成長したいのです。

「先見性」は未経験者が最も不安に感じるところでもあります。運ぶこと自体はなくならない（運送業界自体はなくならない）ことは理解されても、応募する会社が存続できるかどうかは不安材料となるのです。「先細りの会社には入りたくない」「成長している会社のほうが先々安心」「新しいことに取り組んでいる会社は、余力がありそうで期待できる」といった先見性を見抜こうとする人のほうが育ってくれる人材と言えるでしょう。

そして、会社の沿革から見える「柔軟性」が重要です。応募がないと嘆く会社の傾向として、働き方のバリエーションが少ない傾向があると思います。当社でうまくいった事例として、「パートドライバー」という名目で募集をかけたところ、驚くほどの反応がありました。当初は子育て中の女性が応募してくると狙いを定めましたが、実際は介護をしながら働きたい50代のベテランドライバーや、大手の優良企業を退職した2トン乗務経験の豊富な週休3日希望の65歳男性、きつい長距離運行を長年続けてきたベテランが地場の定期便を希望して応募してきた事例があります。

また、66年という当社の沿革も、応募の理由となっているようです。「直近の10年で急成長している」「昔からよく社名を聞いていたり、トラックを見かけていた」などという応募者の声がありました。

このように、求職者によく見られているのが会社の沿革です。過去は変えられませんので、いい軌跡を残していくことが将来を左右する要因になると思っています。

⑤「伝える力」を持っている面接者がいる

通常、一対一の面接で行なわれる業務概要などの説明ですが、この内容が統一されていないことが入社後のミスマッチにつながってしまいます。面接者によって、または同じ面接者であっても時と場合によって伝える内容に差があったりすると、「俺はそう聞いた」「そんなこと聞いてない」となり、トラブルを引き起こす引き金ともなってしまうのです。

そこで提案したいのが、パワーポイントを使った説明です。言葉や文字よりもビジュアルで伝えたほうがドライバーは受け入れやすいようですし、何と言っても、伝え忘れや伝え漏れが起きにくくなります。

私も講演でパワーポイントを使いますが、そのほうがストーリーの組み立てがしやすく、あがってしまっても頭が真っ白になりにくいと感じています。

また、当社は7つの拠点にそれぞれ面接者となる所長がいます。複数名の面接者が同じ説明ができる採用に関する内容を共有することで、均一な面談ができることも大きなメリットです。まさに求人者への説明のマニュアル化と言っても過言ではありません。

①~④の取り組みをしていても、求人者に伝わらなければ意味がありません。次項では、ミスマッチを防ぎ、戦力化しやすい人材を採るための面接のコツを説明していきます。

4 人材獲得に結びつく面接ノウハウ

応募があれば、次は面接です。

ここで面談の基本を説明しておきます。それは、**いきなり履歴書を見ることから入らないということ**です。たとえ数分でもいいので、求職者と雑談するようにしてください。雑談から入ると場が和み、本音を引き出しやすい雰囲気が出来上がります。

私が部下に面接を指導する上で助言しているのが、自己紹介です。面接者である自分が何者であるかを、まずは知ってもらうということです。

「私はこの会社に入社して10年目の○○です。2年前からこの営業所の所長を任されています。私も最初はドライバーとして採用されました。よろしくお願いします」

この程度で十分です。いきなり履歴書に目を通す面接者とは違い、少なからず親近感が湧くはずです。

面接は、ストーリー展開できる流れが、人材獲得につながる一番のポイントです。特に未経験者の面接には有効ですので、段階を踏まえた面接を心がけてください。

面接手順とトークの流れは、以下が基本となります。

第1段階 何が聞きたいか？ を探る

「働く上で大事と考えていることは何ですか？」

第2段階 トラックドライバーの魅力を伝える

（例）「私は所長（社長）ですが、あなたも自分のトラックに乗ることで『車長（しゃちょう）』になってもらいます。一国一城の主ということです」

第3段階 会社説明（自社の魅力など）

「以前行なった社内アンケートでは、『雰囲気のいい会社』との声が多かったんですよ」

第4段階 どんな仕事をやってもらいたいか

「2トン車から始めて、基礎をしっかり学んだ上で徐々に大きなトラックに乗ってもらいたいと考えています」

第5段階 どのように一人前に育てていくか

「2週間はハンドルを握ることなく、横乗りなどで基本をしっかり学んでもらい、丁寧に指導してから独り立ちしていただきます」

第6段階 ありうるネガティブな情報を明かす

「ドライバーの仕事の中心は運転とは思わないでください。サービス業と認識することが大事で、荷扱いなどの付帯作業の質が重要です」

最終段階 聞き漏れ、不安に思っていることを洗い出す

「何か聞き漏れたこと、または不安に感じていることがあったら話してくださいね」

面接中は、面接される側も、面接する側も緊張するもの。求職者から本音を引き出し、いい人材を見極めるコツを次にまとめます。

①複数面接者起用

ドライバー1人に対して複数の面接者というやり方よりは、一対一の面接を2人で手分けして2回（前半、後半）行ない、2人の面接者が「採用」と一致した時のみ採用とする方法が有効です。

当社では、まず前半に人事部が面接をし、採用基準に達していると判断した場合に、後半に上長である営業所長が面談するというルールにしており、2人の面接者が両方採用と判断した場合のみ、採用を告げることに決めています。

②聴く60：話す40

求職者の話す時間60％に対し、面接者の話す時間は40％に抑えた面接を心がけるとよいでしょう。それでも採りたい気持ちが先行し、つい面接者のほうが話しすぎてしまい、一方的になりがちです。「聴く」面接で見極めたいものです。

③履歴書コピーへの書き込み

1次面接は2名で行ないますが、私はその際に気づきや第一印象をメモするように決めています。入社に至った場合、入社から14日以内に社長面接を行ないます。その際に、そのメモが生きてきます。同じことを聞くことも省略できます。

メモには、社長から見た第一印象も書き足します。第一印象は後々、非常に大事な情報となってきます。人を見る目が養えますし、面接者の適性の判断材料にもなるなど、面接力の向上にもつながります。

私が履歴書を見る際には、履歴書のコピーの隅に小さく、次のようなメモをしています。

- **履歴書を一目見た際の印象、直感**
- **初顔合わせ時の印象**
- **最終社長面接で受けた印象**

どんなコメントが記してあるかというと、「意外に短気」「嘘をつくかも?」「家庭か生い立ちに問題あり」「奥さんを大事にする」「自分で決められない」「気まぐれ」「金銭感覚に特異性あり」「前職の問いかけに一瞬、顔色が曇った」「金への執着が強い」「素行が気になる」「スポーツマン、指導者向き」「人の話がしっかり聞ける」「いい加減に人の話を聞いているので要注意」「定期面談の必要あり」「気が弱い。自信がつくまで手放ししない」などです。

④目標設定

「無事故が目標」など、夢を持ちにくい仕事なので、目標設定を面接時に一緒に考えます。「2トン車から徐々に車格を上げて、最終的にはトレーラーの乗務を目指そう」などです。また、課題提起することも重要です。これが定着率アップに確実につながっていきます。

⑤不確定要素の認識

トラックドライバー職の仕事は運ぶものがさまざまなこともあり、人を乗せることに特化しているタクシードライバーなどと違い、「やってみなくてはわからない」という不確定要素が多い業務です。「過去の経験値は参考程度に考える」ことを伝えることが大事です。

5 未経験者に「入社したい」と思わせる面接のコツ

面接にも、未経験者採用のコツがあります。経験者であれば聞きたいことも明解で、聞かれる側もおおよその返答を用意しているものです。

しかし、未経験者は多くの不安と疑問点を抱いて面接に訪れます。ここで重要なのは、「**いかに不安を取り除くことができるか?**」です。そのためには、どんなことに不安を抱いているかを聞き出す必要があります。また、できれば業界用語（点呼、配車、宵積み、地場など）を多用することは控えてください。

①一番不安に思っていることを先に解消する

以前、このようなことがありました。時間をかけて、よい雰囲気になり、入社してくれるだろうと確信しかけた終盤、「年間休日は何日で、休みはしっかり取れますか?」という質問がありました。それに対し、「年間休日は105日あるが、今回お願いしたい運行は、時には休日出勤もあります」と答えた瞬間に、採用予定者の顔色が曇ったのです。

察するに、一番聞きにくいことが休日のことだったのでしょう。だから、最後まで言い出せなかったのです。当社には休日出勤のない運行もありますので、この採用予定者が最も重視しているのが休日とわかっていれば、面談の展開も変えられたはずです。この経験から、働く上で重視することを前半に聞くことをルール化しました。

②「しっかりと育てること」を明言する

未経験ドライバーにとって最も不安なのが、「本当に未経験の自分でもできる仕事だろうか?」ということです。最初から自信を持って臨んで来ることはまずありません。「教育・育成への取り組みがいい加減」「どのような導入教育をするか面談者が語れない」「少しでも早く独り立ちさせようと焦っているのではないか」などと感じ取られるような発言は、根こそぎなくす体制を整えなくてはなりません。

以前、こんなことがありました。全くの未経験ドライバーに、最終社長面接の前にハンドルを握らせたことが発覚しました。当社では「最終面接が終わり、かつ入社15日目以降でないと公道でハンドルを握らせてはいけない」というルールがあります。これに抵触したのです。

私は誤った指示をした管理者に問いかけました。「もし、正式に入社が決まる前に死亡事故を起こしてしまったら、その会社に入社するか？」と。その管理者は入社前に乗車させてはいけない理由が理解できたようでした。そして、そのやり取りを不安そうに聞いていた未経験ドライバーは、「安心して働けそうです」と私の考え方に参同してくれ、ホッとした表情を見せてくれました。

③尋問式にならないように気をつける

面接の準備でまず大事なのが、尋問式面接にならないように訓練することです。ドライバー面接の教育、そして訓練を受けられた方は少ないと思います。だからこそ、訓練をすれば効果が表われやすいのです。

訓練は、具体的にはロールプレイングを行ないます。ロールプレイングのポイントとして、次の5点に注意しましょう。

①個人情報を詮索せずに相手を知る
②短時間で人間関係を築く
③不用意な一言（失言）を避ける
④会社情報を漏れなく、誤りなく伝え、一方的にならないプレゼン展開
⑤自分なりの魅力表現法を身につける

これらに重点に置いた訓練により「入社させてください」と言わせる面接ができれば、ミスマッチも徐々に減ってくるはずです。入社してから「話が違う」「聞いていない」と言われてしまうのは、やはり面接者に非があると言えるでしょう。なぜなら、疑心暗鬼な状態では入社に至らないはずだからです。

採用者は、「よし、こういう会社なら頑張ってみよう」と入社してくれるはずです。働く側にとっても、雇う側にとっても大きな損失であるミスマッチは防がなくてなりません。ただし、あまりにミスマッチを予防しようと意識しすぎて、細かいことばかり並べた説明や確認を重ねるなど、警戒しすぎると、求職者は「トラブルが多いのかな？」と勘ぐってしまうので、注意が必要です。

図4　未経験者に「入社したい」と
言ってもらうためのワーク

- 活発な企業活動

your company?

- ワクワク感を抱かせる事業の将来性

your company?

- 高い社会貢献度を意識させる

your company?

- 低コスト偏重ではない企業文化

your company?

- 家族や友人に誇れる企業の魅力

your company?

前ページに、自社の魅力を書き出すワークシートを掲載しました。ぜひ、「入社させてください」と言わせる面接やロールプレイングに役立ててください。

④目線や姿勢、声のトーンに気をつける

面接の中で相手を見抜くことも大事です。次の5点だけでも観察できれば面接者としての基礎ができます。

- **性格は「顔」に出る**
- **生活は「体型」に出る**
- **本音は「仕草」に出る**
- **感情は「声」に出る**
- **落ち着きのなさは「足」に出る**

人手不足の時は、つい欲目で相手をいいように見てしまいがちです。採ってはいけない人を見極めるためにも、これら5点を冷静に観察するとよいでしょう。

6 若い人材を入社に導く社内の対応

今時の「就職先などいくらでも選べる」世代を採用するためには、面接時はもちろん、その前後の対応にもノウハウが必要です。

①採用の内定は素早く出す（できれば面接当日）こと
②採用が決まった際には、細やかな説明を心がけること
③初出勤日まで不安にさせないこと

特に、この3点です。以後の面接の予定がある、またはすでに面接済みで返事保留中の会社がある場合は、自社に決めてもらわなくてはなりません。

具体的に、こんなことがありました。元高校女子ソフトボール部のキャプテンで、明るくてハキハキと受け答えができる21歳の女性が面接にやって来ました。これまで、ワンボックスカーで配送の仕事をしてきましたが、本格的にトラックに乗りたくなったという志望動機のKさんでした。

Kさんは転職するにあたり、「面接の対応のいい会社に入ろう」と、心に決めていたと言います。当社では、最初の面接志望の受付電話に出たのが、高校新卒で事務職採用したMさんでした。Kさんは「あっ、同世代の子が電話に出てくれた」となんとなくうれしい気分になり、面接の予約をしたのだそうです。

面接当日、電話応対したMさんが面接の部屋にお通しし、面接官が入室する前には一言二言会話も交わしました。Kさんはその時点ですでに、「ここで働かせてもらおうかな？」という気持ちになっていたそうです。

それは、その時の一次面接者で、のちの上司となるO所長も早々に感じ取ったようです。しかし、あとでミスマッチが起きないように、仕事内容の大変さや現実の厳しさなども説明した上で、育成計画もきちんと伝え、Kさんから入社の承諾をもらいました。

トントン拍子で事が進んだ時こそ重要なのが、見送りの仕方です。できれば、免許証や資格証などをコピーさせてもらい、丁寧に返します。そして、初出勤当日の手順を丁寧に教えます。「通勤車はここに停めてください」「作業に使う手袋は、このようなものを自前で用意してください」「作業着の準備をするため、サイズをお聞きしておきたいので女性スタッフを呼びます」などです。

入社日までは内部者（社員）ではなく、部外者（お客様）という意識を持つことが必要です。しっかりと頭を下げ、「では、◯日にお持ちしております」と見送りましょう。

入社日を無事に迎えた後は、当社の場合、仮雇用契約を締結して、14日間の新人研修を受けてもらいます。そして正式な社長面接を経て、雇用契約書を取り交わし、正式な採用となります。

Kさんが入社してくれたことで、当社の雰囲気がガラッと変わった実感もあります。業界向けのマナー&モラルのDVDにも快く出演してくれましたし、当社のトラックドライバー・コンテストの女性選手第一号にもなりました。

Kさんはその後、結婚もし、今でも2トンドライバーとして活躍してくれています。

7 それでも採ってはいけないドライバーの特徴

ドライバー職は、全員が同じ職場で顔をつき合わせて働く職場ではありませんが、**たった1人の「採ってはいけない」人材が存在することで、組織はガタガタと崩壊します**。具体的には、「採ってはいけない」人材のせいで、他の複数の人材が離脱することにより、サービスの維持ができなくなります。人員に余裕がない昨今では死活問題です。

たった1人の「採ってはいけない」ドライバーが他のドライバーに悪影響を与えるには、さほど多くの時間はかかりません。

ある荷主先で派遣社員として働いていた作業員が突然、面接に来ました。「なぜ、会社を辞めたの？」と聞くと、「派遣期間の満了です。ここに面接に来たことは伏せてください。会社から社員登用の誘いがあったので、知られるとお世話になった派遣会社に迷惑をかけるから」とやや理解に苦しむ返答でした。ただ業績急上昇中だったこともあり、つい採用してしまったのです。

数カ月して、どうも動きがおかしいことに気づき、荷主の常務に一連の流れを説明したところ、「ダメだ、あいつを採用しては！」と表情が一変しました。社内の人間関係を散々引っかき回した上に、社員をそそのかし、集団退職を誘発して去って行ったというのが真相でした。

その常務の予想通りの結果が当社でも起こりました。ある日、10人のドライバーが退職届を手に、社長室の前で待っていたのです。後でわかったのは、上層部の人脈に上手に入り込み、上層部の情報をキャッチして、ドライバー仲間に事実を捻じ曲げながら吹聴していたのだそうです。小さな非も許さない潔癖な性格と、人を巻き込む天性のコミュニケーション能力があったようです。

こうなると打つ手がなくなり、開き直ってピンチをチャンスに変えるしかありません。私は去っていく者はあきらめて、新たな組織を一から作り直すしかないと覚悟を決めました。

「採ってはいけない」人材というのは実際にいるものです。これは痛い失敗を教訓にするしかないのかもしれませんが、第一印象や自分の直感を信じることも大切です。

組織を壊すような人物は、次のような共通点があります。

- **前職場のことをよく言わない**
- **コミュニケーション能力が高い**
- **上司に対して異常なまでに非を追求してくる**
- **社長や上長に同僚や部下についての告げ口をしてくる**
- **同僚とひそひそ声で話している場面をよく見かける**

このような傾向が顕著な場合は、早めに社労士や労基問題に詳しい弁護士などの専門家に相談をし、対策を検討しておく必要があるでしょう。

COLUMN 2

今時のドライバーの意識

近年、至るところに監視カメラがつき、ドライブレコーダーも普及してきた。いずれは標準装備となるだろう。ドライバー職は車内まで記録されている。防犯効果や、事故後の検証に大きな成果をもたらしているのは確かだ。しかし、家の鍵をかけずに出かけたり、隣近所との距離感も近かった昭和時代に育った私には、だんだん窮屈な世の中になっている気がしてならない。

ドライバー稼業も、以前は「一歩車庫を出たら、俺の世界」「やればやっただけ稼げる」というのが魅力で、求職してくる若者の本音も読めた。しかし、昨今では、若者に「ドライバー職の魅力」をうまく表現して伝えられず、悩んでいた。そこで、逆に今時の若いドライバーに、ドライバーの魅力とは何なのか、聞いてみた。すると、「いろんなところに行ける」「好きな運転が仕事にできる」という昔と変わらない意見だった。そして、意外だったのが「一人でいられる仕事だから」というもの。SNSではつながっていないと不安だが、直接の交流は求めないということであった。

この感覚は、ドライバー職に限らないかもしれない。「黙々、コツコツの作業です」というキャッチコピーで求人した構内作業員はすぐに定員に達した。また、健康に配慮するキーワードや、「丁寧に育てる」という姿勢も、若者の反応はよいようだ。

窮屈さが否めない昨今のドライバー職だが、トラックドライバーの魅力は「大きな車体を自由自在に操りながら、移り行く車窓を眺めながらできる、社会に役立っている仕事であること」ではないだろうか。

3章

人材難から脱却する
転職者の獲得術

1 人手不足を解消するための転職者へのアプローチ

すでに述べたように、トラックドライバー職は、基本的には転職者が多く、新卒採用は大手運送・物流会社が中心です。「新卒よりも転職者」にターゲットを絞り、採用活動をしていくことは中小企業にとっては賢明な人材獲得戦略です。**「中小企業は転職者の採用次第で、経営が好転する」**と言っても過言ではありません。

3章では転職者の採用について、転職パターンによるアプローチと、転職理由によるアプローチ、この2方向から転職者を確保する方法を、具体事例を交えながらお伝えしていきます。

いい転職者を見極めて、うまく戦力化する方法をノウハウとして持たないまま闇雲に人を採っても、事業の発展にはつながっていきません。転職者を「募る」「見極める」「育成し、戦力化する（詳しくは4章）」「定着させる（詳しくは5章）」一連のノウハウの構築の方法について、述べていきましょう。

同じ転職者でも、「同業他社からの即戦力」と「異業種からの未経験者」に分類でき、未経験者も中途採用が大半を占めるのが、この業界の特徴です。いい転職者を採用するためには、**①即戦力を同業他社に取られずに自社で獲得するにはどうするか、②異業種からの未経験者を我々の業種にいかにして導くか**、2通りの転職パターンに大きく分けられるでしょう。

まず、中小運送・物流会社が最も採りたい「即戦力」については現状、採りにくい状態が続いています。その背景には、ドライバー職の人材難を深刻に受け止める経営者が現有戦力の定着化に力を注いでいるため、いい人材ほど「動かない」傾向にあること、次に日本の産業全体の人材難により、いい人材が異業種に流出していること、この2点が考えられます。

当社においても即戦力は喉から手が出るほどほしいわけですが、だからと言ってやむを得ず採用基準を下げてしまうことで、「採ってはいけない人」を採ってしまうのは避けたいものです。言うまでもありませんが、「見極め」は大事です。こういう人材難の時代には、待遇を一番に考え、いくら稼げるのかしか念頭にない転職希望者が応募してきます。足元を見るような、待遇の良し悪しだけで転職先を決める者を採ってもいいことはありません。

そこで私は、このような人材難の時代だからこそ、異業種から転職してくる未経験者を、一から丁寧に育てることを前提とした採用の体制づくりをお勧めします。そのためには、さまざまな分野から人材を受け入れる募集と、いい人材を見極める面接のノウハウが必須です。

即戦力を中途採用で確保し、事業の基盤を整えてきた中小運送・物流会社にとって、異業種からの未経験者を採用することは非常にハードルの高いことだと思います。今でこそ、異業種からの転職者が在籍ドライバーの4割を占める当社ですが、積極的に未経験者を採ろうという発想になったのが、66年の歴史の中でここ10年くらいのことです。

そうした発想の転換のきっかけとなったのが、あるテレビ番組で放映された「15坪程度の青果店が、年商10億円を超える商売をしている」という事例を知ったことです。この小さな青果店が10億円の年商を生み出す真相とは、店頭販売にとどまらず、夜間に外食産業から注文を受け、市場で新鮮野菜を仕入れ、その場で仕分けし、飲食店舗まで開店前にドライバーが素早く届けるというビジネス形態にありました。

そのドライバーは目利きで、野菜の知識が豊富でした。なぜなら、彼らは家業の青果店を廃業して、転職してきた熟年ドライバーで構成されていたからです。不良品があれば、例えジャガ芋1つでも即時に再配達するということでした。

つまり、**転職者の受け入れ方次第で、業界の常識は覆るかもしれない**ということです。中小企業の強みとして、青果店の転職ドライバーのように、過去の経験や保有技量の豊富な人材が門を叩いてきやすいことが挙げられます。

それでは、どのように転職者を受け入る整備をしたらよいでしょうか？ それが、これから解説する「**転職者のパターン別のアプローチ方法**」です。当社が多くの失敗から得た教訓も交えて解説していきます。

具体的には、転職を4つのパターンに分類します。

●即戦力を同業他社に取られずに自社に獲得する場合
【パターン①】中小運送・物流会社から中小運送・物流会社へ
【パターン②】大手運送・物流会社から中小運送・物流会社へ
●未経験者を異業種から同業他社に取られずに自社に獲得する場合
【パターン③】中小異業種会社から中小運送・物流会社へ
【パターン④】大手異業種会社から中小運送・物流会社へ

この4つのパターンに対応する転職者獲得のアプローチ方法を、次項からお伝えしていきます。

2 【パターン①】中小運送・物流会社から中小運送・物流会社へ

即戦力を同業他社に取られずに自社に獲得するにはどうするか、まずは、中小から中小へ、同規模同業者間のオーソドックスなパターンの転職です。うまく噛み合えば、最も長く働いてもらえ、そして、いなくてはならない存在になりうる転職パターンです。

まずは、応募がなくては始まりませんが、以下のような不安定要素や不満を抱えての転職希望が多いようです。

- 大きい車両に乗りたいが、見込みが持てない
- 上司や同僚と人間関係がうまくいっていない
- 賃金が上がらない、または割に合っていない

- **事業内容に将来性が見込めない**
- **休日や残業が多い**

これらの要素を踏まえて、募集活動をする必要があります。

「業績拡大による増員」「雰囲気のいい職場で働きませんか？」「年間休日〇日、残業はほとんどありません」「資格取得支援制度があります」など、どうしても他社と同じようなキャッチフレーズになってしまいがちですが、独自性あるフレーズで差別化を図りましょう（4章1項を参照）。

面接のポイントとしては、履歴書の転職の数や在籍期間、業務内容に注目しましょう。

- **3年間継続勤務した会社は何社あるか？（3年継続した会社がない場合は要注意）**
- **10年以上勤続している会社が職種に関係なくあるか？（あれば有望）**
- **同じような理由で辞めていないか？（特に、人間関係と賃金関係なら要注意）**
- **空白期間の頻度は高くないか？（頻発しているなら要注意）**

これらは4つの転職パターンのすべてに共通して当てはまる判断材料ではありますが、一般的に「職場を転々とするドライバーが多い」とされる同規模同業者からの転職者という点では、特に「3年以上の継続勤務」経歴の有無は重要な見極めポイントです。

続いて、

●運転経歴証明書は必ず取り寄せ、事故歴や違反歴を確かめる（1年間に複数の違反や事故がある者は要注意）

●運転技術はどこでどんな風に習得したか？（我流で覚えた場合は、運転の癖や懸念点がないか同乗してチェックする必要あり）

以上のチェックポイントで違和感を持たなければ、採ってもいいのではないかと考えます。

このパターンで採用した人は即戦力候補にはなりますが、我流を押し通すことはよしとしないことを、きちんと面接時に伝えることが重要です。郷に入れば郷に従う姿勢を確認しなくては戦力にはなりえません。

ここで事例を一つ紹介します。この転職パターンでうまく人材確保に成功したAさんの事例です。

Aさんは30年来のお付き合いのある2トン・4トン車両主体の老舗運送会社から紹介され、当社に転職してきました。「うちには大型トラックの仕事がないから、いい人材（10年以上継続勤務）だけど、仕方なく手放すよ」とのことでした。老舗運送会社の社長が直々に「ナルキュウさんがいいぞ」と勧めてくれたのです。

Aさんの転職理由は「中型から大型トラックへのステップアップがしたい」と明確でしたので、問題なく採用しました。中小会社の台所事情をよくわきまえたところもあり、また、前職場の社長の顔をつぶせないという思いもあってか、「模範的な優秀ドライバー」として頑張ってくれ、大きな戦力となりました。

3 【パターン②】大手運送・物流会社から中小運送・物流会社へ

大手運送・物流会社から中小運送・物流会社への転職者は、基本的な教育訓練を経ていることが多いため、安心できる人材群です。ただし、転職動機はしっかりと面談し、確認しておくことが重要です。

まずは、募集です。大手同業者で働き、安定しているはずの人材ですので、応募してくる理由は多くの場合、次のような理由が多いようです。

- 所属営業所の統廃合、あるいは転勤辞令により通勤が困難になるため、自宅から通いやすい同業者を探した結果の応募
- 上長との折り合いが悪く、長らく改善しないので、いよいよ退職を決断したための応募

●事故や大きなミスを出した結果、いづらくなり退職に至ったための応募
●管理職抜擢を打診されたが、ドライバー職以外は考えていないための応募
●純粋に小さな組織で伸び伸びと自分を試したいという理由の応募

このパターンは実際に、ドライバーとして採用したのち、頭角を現わし、営業所長に抜擢されるような人材です。当社で言うと、トラックドライバー・コンテストで全国優勝する人材が獲得できた転職パターンで、事業発展には欠かせない人材群です。

このようにうまくいい人材が応募してくることもありますが、ミスマッチも意外に多い転職パターンですので、面接での見極めが非常に重要です。

大手からの転職者を面接後、私は同席した部下にこう尋ねることがあります。

「彼（彼女）は多分、うちのような規模の会社には合わないと思うけど、どうする？」

この予感は、高い確率で的中しています。どのような点でそう感じるかというと、次のような要因が考えられます。

①どこか妥協して、中小企業に来たという印象がある
②家族や親族の意見を重視する発言が多く、自分の意見が固まっていない
③知ったかぶり的な発言が目立つ
④プライドがとても高く、他者否定する発言が多い
⑤「働かせてもらう」という謙虚さが感じられない

ここで失敗事例（Bさん）と成功事例（Cさん）をそれぞれ紹介します。

以前、①から⑤までのすべてが当てはまるような応募者Bさんがやって来ました。荷主の販売業績が好調で業務拡大の最中でしたので、1人でも多く人材がほしい状況でした。そんな時にやって来たのが、大手の同業者で長年働いたのち、転職して来たBさんです。面接で、どうも当社の水に合わないのではないかと思いながらも、「大手で学んできた人材の考え方を取り入れるのも、事業の発展につながるかもしれない」と、私は自分を言い聞かせるように採用を決めました。

入社後、数日後に早速、予感は的中してしまいました。同乗教育から帰ってきた直後、Bさんは私に直訴しにやって来ました。「あの上司のもとでは仕事ができない」と。具体的には、自分の運転スキルが否定された、個人情報を詮索された、上司の荷主への接客の非常識さが許せない。極めつけは、会社自体への失望要件として、「ボーナスの少なさに愕然とした」ということでした。今思えば、すべて一理あることなのですが、未熟な私にはどうにも飲み込めなかったのです。「郷に入れば郷に従え」とのことわざを引用し、言い聞かせようと試みましたが、数日は大人しくしていてもすぐに地が出る始末でした。

平穏だった社内の雰囲気は大きく乱れ、Bさんは結局長続きしなかったばかりか、辞めた後も1年ほど、上司だった管理者が自信喪失するという大きな波紋が残りました。

とは言え、この経験はデメリットだけではありませんでした。大手に在籍していたBさんからの評価によって、私は家業の延長線上で経営している中小企業の問題を改めて知ることになりました。例えば、①何かを確認したい時に規定などの文書がなく、「社長に聞いて！」というような場面が多い、②知識不足による法令違反となりかねない社内チェック体制の弱さがある、③教えていることに根拠がない、などです。

これらに気づかされ、反骨心が湧き起こり、私はのちの経営に役立てました。①によりＩＳＯ９００１を認証取得し、②により私自身が社労士と中小企業診断士の勉強をし、③

によりトラックドライバー・コンテストにチャレンジを決めました。

ここで強調したいのは、「社風に合わない人は採らない」で通用した時代もありましたが、**人が集まりやすい施策も講じながら、戦力を確保できる会社に成長していく**ことが重要であるということです。

社風に合わない人を避けようと用心しても、完全にシャットアウトできるものではありません。なぜかというと、成長する会社の多くが「多種多様な人材を求めている」からです。社風に合わないという判断と、「うちにはいないタイプだから採っておきたい」という判断は紙一重だと私は感じています。そのため、「きちんと社内で事前討議した上で受け入れを決める」ということが重要です。

その結果、ミスマッチな人を採ってしまった場合は、七転び八起きの精神で会社の成長につなげることが大きな転機となるでしょう。実際に、その失敗が功を奏し、いい人材が採れるようになっていきました。

しっかりとした教育を受けた即戦力をどうしても獲得したい場合、即戦力候補が抱いている関心事と合致する募集を出す必要があります。大手同業者からの応募が多い事例としては、中小で働く利点を前面に出すことで、結果に結びつきやすい傾向があります。過去の実績ではありますが、「トラックドライバー・コンテストで全国大会に出場を果たした者には100万円の賞金を出す」と宣言した際は、大手からの転職希望者より驚くほどの反響がありました。大手にはない、思いきった施策がインパクトを与えたようです。

次に大手からの転職者の成功事例として、Cさんの事例を紹介します。

Cさんは2002年に入社した大手運送業でサービスドライバーを経験して来たベテランドライバーです。のちに愛知県トラックドライバー・コンテストで2度のチャンピオンにもなった逸材です。

当時の我が社は、愛知県のみの事業で、他の拠点は1つもありませんでした。その唯一の事業所を事業拡大により移転した際に、「移転によるオープニングスタッフ（ドライバー）募集」という求人誌のキャッチコピーを見て応募してきたのです。

2002年も人材不足の時代背景はありましたが、かなりの反響がありました。Cさんが応募してきた時にはすでに定員に達しており、お断りの可能性が大でしたが、「会うだけ会ってみよう」と面接しました。

「定員に達してしまったので、応募内容とは違う運行業務にはなりますが、やってもらえますか？」との提示に快諾してくれ、Cさんを採用することが決まりました。ここでの見極めの決め手となったのが、当時、とても厳しいと定評のあった大手で3年以上辛抱して勤め上げた精神力の強さが伝わってきたことです。加えて、将来のリーダーへの期待も抱ける予感がしました。拠点展開をしていく事業計画が固まっていたからです。

目論見通り、ドライバーを3年ほど経験する中で、リーダーとしての頭角が現われ始めたので、最も規模の小さな営業所でいきなり営業所長に抜擢しました。しかし、管理職としては経験不足のためか、伸び悩んでしまいます。

次に、一番所帯の大きな営業所に異動させ、副所長として心機一転、頑張ってもらおうと画策しました。しかし、上長である所長からの評価は「肝心ところは逃げる」「ドライバーに肩入れしすぎ」「留守を任せきれない」と芳しくなく、そんなはずはないと私自身が評価を惑わされてしまいました。

そんな時、他県の営業所の所長が、叔父の家業を引き継ぐことになったと言って退職してしまいました。私はCさんを新所長に抜擢することを経営者会議で提言しましたが、経営陣から賛同が得られません。そこで、しばらくの時間的猶予を持たせ、代案を他の経営陣に求めました。新たに所長候補を採用するという代案はありましたが、現実性が低いと判断し、結局はCさんの起用を押し切ることにしました。Cさんが大手にはない中小企業の「働きがい」を実感していたことが大きな理由です。Cさんが伸び伸びと力を発揮するフィールドを与えたかったのです。

そして、C新所長が誕生しました。結果は、「水を得た魚のように」という表現がピッタリの働きを見せてくれ、所長としてのリベンジの機会となりました。今では所員の心をわしづかみにして、まとまりのいい営業所運営を実現しています。

一連の成功要因分析を私なりにしてみると、中小に集まってくる人材に完璧で優秀な人材はなかなかやって来ません。欠点を見つけ出せば気も滅入るし、いくら時間があっても足りません。しかし、いいところを見つけて最大限に引き出せば、お互いやりがいがあるし、益も大きいと感じます。

よく「褒めて伸ばす」と言いますが、それほど単純なことではありません。王道ではありますが、認められたいという承認欲求にスイッチを入れることで、中小でも大いに力を発揮してくれるでしょう。

4 【パターン③】中小異業種会社から中小運送・物流会社へ

同じような規模の異業種企業からの転職者は、業界未経験という意味では「未経験者」です。うまくはまれば戦力になりますし、小さな会社で融通を利かす容量のよさを備えている場合もあり、採用する側の采配がポイントとなります。

「ドライバー職は集団行動を求められない」という点に魅力を感じる者は少なくありません。ドライバー未経験者が面接に来ると、私が必ず聞くのが「なぜ、ドライバー職を志望するのですか?」です。「もともと運転が好き」「憧れていた」「いろいろなところに行ってみたい」などが定番の返答ですが、本音としては、「一人で気ままに勝手にやりたい」という場合が多くあります。

このような考えのドライバーは、同じ運送会社でも大手のドライバーを務めるとなると、最小単位の班や営業所などの組織に馴染めない場合は排除されがちです。しかし、総勢10名程度の中小零細の運送会社では、個性的な人材で組んだほうがうまくいくケースが多いのです。ぶつかることも多々ありますが、経営陣が「じっくり話を聞いてあげよう」という気持ちを怠らなければ、安定した運営ができることが多いと考えます。

まずは求人です。こういった求職者は中小ならではの台所事情も理解しているため、「大手でもあるまいし、身の丈にあった経営をする堅実な会社を選ぼう」というタイプが多いように感じますので、やはり「雰囲気のよさ」「アットホーム」「地元密着」のようなキーワードを求人情報に入れておくのが、転職先選定の決め手になることが多いようです。

次に面接です。異業種の中小企業からの転職者として意外に多いのが、「白ナンバー（自家用）トラックの運転を業務で行なった経験があります」という希望者です。製造関係の中小企業だと2トンクラスのトラックを保有していて、材料の引き取りや製品の納品などで乗る機会があったのでしょう。元来運転が好きなタイプが多く、徐々に「トラックを乗ることを仕事にしたい」という思いが強くなり、転職を決断するというパターンが比較的多いようです。

面接をする際は「志望動機」を必ず聞きますので、そのような経緯が見えるわけですが、ドライバーの仕事を上辺だけで判断して「ちょっとやってみたい」と甘い気持ちで応募してくる未経験者の戦力化は、ことごとく失敗するものです。きちんと覚悟を決めての転職なのか、そうでないかの見極めは極めて重要です。

私が未経験者の見極めでものさしにしているのが、**「家族や親しい友人にドライバー職がいるか？」**という質問です。「父がトラック、タクシーのドライバーでした」「親しい友人がトラックに乗っています」という環境にある転職希望者は、うまくいくケースが多いように感じています。

ここで、社会人になりたての頃は大手製造業、その後数社の中小零細の製造業で生産管理の仕事を歴任したのち、30歳代後半で当社に転職してきた未経験ドライバー志望のDさんの事例を紹介します。

当社には売上の一部（8％ほど）ですが、自動車部品の組み付け作業をする部門があります。3つの部品を組み付けするのが主な製造内容です。組み付けを済ませてしまうとかさばってしまい、14トン車に満載しても重量は6トン程度と、輸送効率が極端に落ちます。そこで、「最終納品地の至近の倉庫で組み付ければ、非効率な輸送は最小限になる」という当社からの提案で、初めてのチャレンジとして、2007年より納品場所から至近の賃貸倉庫で製造業を開始したのです。

操業当初は、製造業を定年されたベテランに立ち上げをお願いしました。おかげでなんとか軌道に乗り、10年経つ頃までには、自前の倉庫に移転して安定した生産ができるようになりました。ところが、突然の増産と人手不足が重なり、ついに生産が追いつかなくなってしまったのです。

そういう時には悪いことが重なるもので、4台ある組み付け機械の1台が故障し、人海戦術で乗り切るしかない状況となり、責任者が過労で離脱してしまいました。かなりのピンチでした。そこでキーマンとなって軌道修正してくれたのが、ドライバーとして入社し4年目、前職の中小製造業で生産管理の仕事をしていたDさんです。見るに見かねて、自ら手を挙げてくれました。

もともとドライバーとしても優秀なDさんでしたが、最初は大手製造業に勤務し、その後転職を重ねるたびに小さな会社へと移った経歴がありました。私の勝手な印象としては、

「せっかく大手企業にいたのに弾かれてしまってうちに来たのかな?」と思っていたところが正直ありました。しかし、結果として「弾かれた」という解釈は完全に私の思い違いで、Dさんの職歴からの実力は本物でした。ミスも遅れも出さない体制に短期間で見事に回復させてくれました。

配置換えから4カ月後、Dさんが「そろそろドライバー職に戻してください。ドライバー職が本当にやりたくて、ここに来たのだから」と申し出がありました。断る理由もなければ、生産管理を無理強いすれば、Dさんという素晴らしい人材を失うことは予感できたので、すぐにもとの持ち場に戻ってもらいました。

このことがあってから、異業種企業から小さな会社にやって来る人材の真意が少しだけ理解できた気がしました。また、ドライバーは魅力ある職業であることを示してくれたようにも感じ取れたいい機会でした。

私は、大手にはできないきめ細かなサービスを提供でき、対価に変えることができれば、中小企業（運送・物流会社も例外ではなく）は確実に生き残っていくことができると考えています。この時、カギとなるのが「**サービスを提供するのに必要な人材を保有している**

か」です。トラックドライバー職は、とりわけ中途採用者が大半の職種です。過去の経歴も活かしながら組織を作っていくことは、非常に有意義なことです。よって、私は未経験ドライバー大歓迎という考えを持ち続けてきたのです。

ただし、単純に過去の功績を過大評価し、諸手を挙げて簡単に採用してしまうと、高い確率で期待外れな結果が出てしまいます。特に顕著なのが、次項で紹介する大企業異業種から中小に転職してくる未経験ドライバーです。しかし、この人材群をうまく募り、見極め、戦力化できれば、会社の成長に必ず寄与してくれると考えています。

5 【パターン④】大手異業種会社から中小運送・物流会社へ

「大手で通用しない人材をすくい上げて、中小企業で再生を図る」

言うのは簡単ですが、実際はそれほど簡単なことではありません。

まずは、どのように募集するかです。未経験者として大手異業種から転職してくるパターンは、当社の場合で言うと、一定のキーワードを面接時に口にする応募者が多い印象です。

- 未経験者でスタートがドライバー全体の40%を占める
- 「育成」に力点を置いている印象（トラックドライバー・コンテストなど）
- 60年を超える社歴
- 大手の直荷主との取引により安定した運行形態

●毎日、自分の布団で就寝できる運行形態

これらのキーワードで、比較的大手異業種からの転職者が多く応募してきました。「うちには、そんな大手異業種出身の未経験ドライバーを引きつける特長はない」と反論されてしまうかもしれません。しかし、以下に取り上げた事例からも読み取っていただけると思いますが、小さな会社にもチャンスはあります。「失敗から学ぼう」などという悠長なことを言うつもりはありませんが、大事なのは、「この採用をいい流れを引き込むためのチャレンジだと捉える」ことです。

当社のEさんとFさん、2名の事例についてお話ししましょう。

月一度の定例会議になると、持論を展開する個性の強い、職人タイプのドライバーEさん。大手機械メーカーにいた時は、上司たちから煙たがれた存在と自認していました。耳を傾けていると、いい意見も持っているのですが、いい加減なことを言う上司には相手の立場などおかまいなしで徹底的に攻撃をします。1人だけに特例を認めることができない大手では、通用しづらい人材と言えそうです。

しかし、中小企業では社長の一存で、新たな行動基準をタイムリーに設けることが可能です。大企業では前例のない「特例」を認めるには、相当な時間と手続きを要しますが、中小企業の即断即決で、「そんなにやりたければ、やってみろ」とフィールドを与えると、意地でも結果を出そうと努力する場合があります。

Eさんの場合は、こうでした。フォークリフトによる荷物事故が頻発し、その負の連鎖が止まらなかったことがあります。そんな時、Eさんはフォークリフトの爪の上にマグネットの印を置いて、爪先に荷が完全に載っているか？　爪先が出ていないか？　をチェックするという方法を独自に実行していました。私がそれを知った時、なぜ、こういった発想を共有できないのだろうかと、自社の組織の脆弱さを思い知りました。

そこで、Eさんに事故対策を任せることにしました。すると、「自分のことを認めてない上司がいては、引き受けることはできない」という返事が返ってきました。ここを乗り越えないと、この組織は変わらないと私は直感し、管理職の人事異動まで決意し、実行しました。

結果として、事故の連鎖はパタリと止まり、状況は一気に好転しました。このようなプロセスが中小企業には貴重と私は考えます。一ドライバーが管理職の人事まで変えてしまうわけなので、失敗した時の責任を取る覚悟を、決断した者がしなくてはならないということにはなります。大手では、現場の状況まで把握した上で決断できるポジションの人がなかなかいませんので、近年問題となった日大アメフト部の悪質タックル事件のように世論の声に押されるまで後手に回って、事態が暗転していく可能性が高いのです。

ここで言いたいのは、特例をタイムリーに認めることが前提ではありません。**組織の末端の1人の意見も疎かにしない姿勢が中小企業の強み**ということです。これこそが人口減少の中、人手不足で負けない、中小企業の強みを活かした採用と戦力化のノウハウです。大手から中小に転職することで、会社も転職者も両方が成長することこそ、最も効率のいい、生産性が上がるアクションではないでしょうか。

次に、規則に縛られたくないと、異端児的に大手から弾かれて来たFさんのエピソードです。

「会社の規則を守る社員としての義務」と「生活を脅かされず正当に働く機会を得る会社が与えるべき権利」は労使双方が互いに尊重すべき事項です。ただし、あまりに規則によって縛りすぎると、本来それぞれの人材が持つ能力が発揮されないことが多いようにも思います。

「2つ縛って、1つゆるめる」。そんな駆け引きをしてきた場面が少なくなかったように振り返ります。これが中小企業ならではの「さじ加減」なのかもしれません。

Fさんは挨拶が最初からしっかりでき、初日から仲間の輪に入り、荷主にも礼儀正しく応対できました。しかし、ハンドルを持たせれば乱暴、見られているところ以外では手抜きが多いとあって、本来であれば「いらないドライバー」です。しかし、中小はそういうタイプのドライバーを戦力にしていかないと成り立ちません。特効薬はありませんが、人の考え方というのは、徐々に変えさせることはできるものです。その考え方を変えさせるのが**上長との人間関係づくり**です。

ある日、Fさんから上長に「自分の車も、会社の洗車機を使って洗車していいですか?」と要望が出ました。他の所員も聞いている場所でした。上長はきっぱりと「ダメ」とは答えず、「担当するトラックが誰よりもきれいな状態が維持されていれば、前向きに検討する」という回答をしました。

結局は、自家用車を洗車機で洗うことは実現できていませんが、確実に担当トラックがきれいになったそうです。Fさんのようなタイプは行動を変えるための工夫が先決です。

まずは大きな目で見てやり、その中で行動を変えさせていくといいでしょう。

以上の2人の転職者の事例からどんな教訓を感じ取れたでしょうか。

まず、面接については、大手からの転職者は一見そつがない人物という第一印象を抱かれがちな人材群です。おそらくそれは、大手企業で揉まれてきたこともあるでしょう。しかし実際には、採用後、「あれっ?」と意外な思いをさせられるケースが非常に多いのです。意外性というのは、時にわがままさでもあり、頑固さでもあり、他者の過ちを許さない潔癖さであったり、人格の二面性であったりもするのです。こうしたことは、面接時にはなかなか見抜けないというのが本音です。要は、雇用する側が成長していかないと使いこなせない人材群なのです。

効果があると言えるのは、事前の釘刺しではないかと考えています。この秘訣から、多くの異業種からの人材を私は戦力にしてきましたので、次のまとめを参考にしてください。

【異業種からの転職者受け入れ10カ条】

①3年間の下積みが必要なことを自覚させよ

②運転はドライバーの業務の一部でしかないことを理解させよ
③教えないことはできないと思え
④荷物ではなく製品（商品）と考えさせよ
⑤最初が肝心「そのうちに」と考えていると手遅れになる
⑥「とりあえずベテランの横乗りをさせておこう」は失敗の第一歩と思え
⑦公道上のマナーとモラル教育を欠かすべからず
⑧履歴書から垣間見える「転職への安易さ」を見逃すな
⑨「無事故」は目標ではなく、ノルマ。目標を持たせてスタートさせよ
⑩ドライバー職は孤立しがちな勤務形態が多いので、交流の場を意識的に重視させよ

6 転職理由別・履歴書に隠れた「人となり」の読み方

私はサラリーマン時代の大卒新卒者採用に始まり、これまで数百人分の履歴書を見てきました。そのせいか、履歴書を見ればおおよその人物についての予測がつきます。

「すべての職歴が書ききれてないようだ。多分、ひと月と持たないと思うよ」

「人間関係が引き金で転職を繰り返してないか？」

「短気なところがあるんじゃないか？」

「3年続かない職歴ばかり。飽き性か、我慢が足らないのかもしれない」

「20年勤続した会社を辞めて以来、転職を繰り返している。精神的にまいってはいないか？」

などです。

こういった経験値や実証値から得た分析結果がこちらです。大きく7つに転職理由別に分類しました。

①自身の性格が災いして転職を繰り返す

自身の性格が災いして転職を繰り返すパターンは、面接時に顕著に言動に出ます。「ちょっと変わっている」「自己主張が強い」「遠慮がない」「目を決して合わせない」などです。

とはいえ、すべて敬遠を決めつけることはないと考えます。うまく「はまれば」意外といい戦力になります。そういった人材をうまく戦力にする上長が口にする「共通の言葉」が「**わかって使えば悪い人材ではない**」という言葉です。

「余分な一言を言う」「嘘をつく」「事務員と言い合いをする」「人の話をまともに聞かない」「平気で約束を破る」……これらだけ聞くと最悪の人物に思えます。反面、こういった人物は、他の人が嫌がる仕事を黙々とこなすという利点があります。

当社でも個性が強く上長とぶつかることが多いGさんは、大きな事故もなく15年以上勤め、会社に利益をもたらしてくれています。腹の立つ言動も多いため、つい上長は苦言を言ってしまいますが、次の日にはケロッとしていて、普通に接すれば問題ありません。

これからの人材難を乗り切るには必要な人材群と言えます。

②不運による転職が多い

人生、実にさまざまで、幸運な人生を送れている方がいる反面、本当に運に見放されてしまったかのように不運を繰り返す人がいます。よくあるのが、所属した会社がことごとく倒産してしまい、転職を余儀なく繰り返すケースです。給料や退職金の未払いや倒産の残務処理で苦労し、知り合いを介して転職した会社がまた倒産してしまう。呪縛が解けないかのように、不運を絵に描いたような履歴書を見ると正直敬遠したくなるものです。

しかし、これからの人材難時代を乗り切るには敬遠ばかりもしていられません。そもそも、なぜ不運を繰り返すのかというと、本人の考え方も災いしていることが多いように私は感じ取ります。何かを判断しなくてはならない場面で「右か左か」選んではいけないほうを選択し続けてしまっているのです。

例えば、「寮を用意するから、心機一転、新しい土地に行ってリセットしてみたら?」と提案すると、「地元から離れたことないので不安で」と殻を破れない消極的な面が顔を出します。内心、「これが不運の連鎖が断ち切れない原因かも」と感じ取ってしまいます。

こういった人材群もある方法で戦力になっています。「同族企業の倒産」「離婚」「子供さんの素行や生活の荒れ」「難聴の悪化」と不運続きだった当社のHさんは、入社して15年、今もベテランの味を出して頑張っています。何が起きても配置換えのない運行に指名して辛抱強く使い、仕事を完全に固定して落ち着いて仕事に取り組ませました。あまり判断する場面が多くないようにすることで、いい影響が出ることがわかります。

③理想追求型転職

理想追求型の転職者は、前向きかつチャレンジ精神に富んだ人物で有能な人材群である分、理想を追求するところがあるので、「もっといい仕事はないか?」と、求人情報を見てやって来ます。基本的に、「ドライバー職は、考えているほど甘い仕事ではないですよ」という〝試し〟の問いかけに対し、「やれます」「できます」「自信があります」と言う人物は大抵、信用できません。「やってみなくてはわかりませんが、一所懸命やります」「自信があるとまではいきませんが、精一杯やります」くらい慎重な姿勢の人物のほうが活躍をしてくれることが多いように感じます。

また、自分に自信があり、挫折したことが少ない人材は、うまくいかないことが続くと、プライドが高いせいか「あっさりと姿を消す」ことが意外に多いので、**最初（面接）が肝心**だと考えています。相手のプライドを適度にくすぐりながらも、「甘く考えてもらっては困る」ことをやんわりと、随所に散りばめつつ面接を進めるべきです。間違っても、その自信を鵜呑みにして「君のような優秀な人材がほしかった。すぐにでも来てくれ」と手放しで受け入れてはいけません。

その他、よくあるのは「前職はこんなにいい会社で、いい待遇を受けていました。だから、ここもいい条件出してくれますよね？」といった強気な姿勢が見えるケースです。私は「そんないい会社だったのなら、辞めないほうがよかったと思いますよ」と応酬するようにしています。すると、相手はサッと顔色を変えますが、ここからが戦力にするための面接テクニックを発揮する時です。

●当社で転職成功している人材は「謙虚」な人物である
●実際にやれてから「できる」と評価し、報酬に反映する
●希望するかどうかは別として、できる人材には子会社の社長を任せる

という前例を示すと、釘を刺しながらも、将来に対する期待感も抱かせることができます。当社では、全国大会（トラックドライバー・コンテスト、フォークリフト運転競技大会）で活躍している複数の人材に多い人材群です。

④能力（体力）低下による転職

ドライバー職は気楽な稼業にでも見えるのか、未経験ドライバーとして転職してくる人材は、景気の良し悪しには関係なくコンスタントにやって来ます。比較的、中年以上の年齢の人が多く、体力の低下と共に気力の減退も重なって転職を考える傾向があります。

ノルマなどに追われた営業職や体力勝負の作業員が多く、稀に調理師が飲食業から転職を希望して来る人がいます。よく見られるのが「今までの仕事とは無関係な仕事がしたい」と、何か疲れ果てた表情を浮かべながら志望してくるケースです。

しかし、ドライバーという職業を甘く捉えて転職すると、高い確率でミスマッチを起こします。「私が甘かったです」と言って入社数カ月後に辞めてしまうという結末は、会社と働き手双方に利益がありません。これを回避するためには、面接時に次のことをきちんと伝えておくことが肝心です。

●仕事の範囲の理解

運転だけが仕事ではなく、付帯作業や教育訓練、車両メンテナンス、待ち時間、伝票処理、健康管理、点呼、すべてがドライバーとしての義務であること。

●ドライバーの魅力の捉え方

ドライバーの魅力は「気楽」なことではなく、運行が完了し、エンジンキーを運行管理者に返納すれば、次の運行に向け、いったん気持ちをリセットできることなど、好きな運転が一日中できることと勘違いさせないこと。

●労働者と雇い主、双方の義務を理解する

割りのいい仕事もあれば、割に合わない仕事もある。それを選択できる（断ることができる）とは考えないこと。法的に問題なければ、労働者は正当な理由がない限り指示に従い、仕事を引き受ける義務がある。一方、雇い主は安全（点呼時のチェックなどで健康状態を気づかい、整備された車両の確保や必要な荷締め機などを揃える、職場環境のメンテナンスをするなど）を担保する義務があるということ。

●実力主義であること

全職種平均に比して、2割程度総労働時間が長いのに、2割賃金が低いと言われているのがトラックドライバー職の傾向です。これを事前に説明していないことがミスマッチの大きな原因でもあります。この「割の悪さ」を認めた上で、ドライバーが持つ特権を理解

してもらいます。その特権とは、「下積み」期間が少ないこと。やる気があれば、年功序列ではなく初年度から先輩ドライバーを超える稼ぎが可能であることが挙げられます。

石の上にも3年

初めて運送業界に入ってきて、早々に結論を出すべきではありません。プロになるには3年はかかる。3年辛抱するとして、3年でおおよそのよいこと、悪いことが一通り体感できるので、ドライバー職の本質が見えてくるということです。

「まずは3年間、一つの会社に腰を据えて頑張ってみないか？」。何度も辞めたいと思うことがあったが、この言葉が頭から離れず、気がついたら3年経っていたと笑顔で語ってくれるドライバーが何人かいます。

「労働者と雇い主、双方の義務を理解する」に関しては、異論もあるかもしれませんが、嫌な仕事を簡単に断る者がいると、荷主に迷惑をかけることはできないので、結局は管理者が運行せざるをえません。会社には役割というものがあります。互いに立場を尊重し合い、補完し合うということが大事です。運行をドライバーが断ったために、管理することが本業の管理者が弾かれた運行をこなすといったことが常態化してはいけません。

⑤逃避型転職

これは、「壁にぶつかると挫折して、乗り越えることから逃避する」タイプの人材です。どんな仕事も、一人前と認められるまでに一度は壁にぶつかるものです。人間関係の壁もあれば、体力的な壁、技術的な壁などさまざまです。

私自身、大学進学のために愛知県から神奈川県に出て初めての一人暮らしを始めた際、「まかない飯」のある飲食業にターゲットを絞ってアルバイト先を探しました。大学生だけで運営するカレー専門店に調理補助として採用されたのですが、私は生家が喫茶店でしばしば手伝いをしていたので自信は少しだけありました。しかし、アルバイト初日でそんな自信は吹き飛んでしまいました。「皿洗い一つまともにできない田舎者」と大学4年の学生店長から酷評されました。すぐにもその場から逃げ出したい気持ちでした。「働く場所なんていくらでもある。あんな店長の下で働きたくない」と心底思いました。

そんな時、副店長からこんな助言をもらいました。「1日目から壁にぶつかってよかったな。乗り越えるたびに仕事が楽しくなるぞ」という忘れられない言葉です。

皿洗いができたら、次の壁はキャベツの千切りの精度。その次は米の炊き方、無駄な動きのない仕込み力、過不足なく米を炊く量の予測、極めつけはアルバイト仲間へのまかない飯のレパートリーづくりなど、さまざまな壁がありました。最終的には、ホワイトソースから手作りするドリアが作れるほどになりました。

たかがアルバイトかもしれませんが、自己の成長を実感できた経験でした。副店長の助言がなければ、アルバイトを転々としていた自分であったように思います。

このエピソードは、現在、面談や育成で活かしています。壁を越えられずに転職を繰り返す傾向が見られるタイプには、このエピソードと共に「壁が越えられない人生にピリオドを打とう」という提言を伝えるようにしています。

⑥人間関係トラブルからの転職

人間関係によるトラブルが原因で転職してくる人材群はかなり警戒が必要です。私も二度の大きな失敗を経験しています。今思えば、人を増やしたい、人手不足を補いたい一心で警戒感が薄れていたのがそもそもの原因です。

これもなかなか王道や定石はありませんが、うわべだけで「コミュニケーションを円滑に」と経営者が日々謳っても、企業文化は容易に変わるものではありません。一人の問題社員が組織を崩壊させるといったことは、いつ起きても不思議ではないのですが、まずは他人（部下や同僚）に関心を持つことから始めるしかありません。

⑦事故、飽き、他社への目移りなどをきっかけとする転職

最後に、自社から他社へ転職されてしまう理由について触れたいと思います。順調に働いてくれていると思っていた矢先、ふとしたきっかけにより転職をされてしまうことがあります。

まずは事故を発端に退職されるケースです。事故防止が前提ですが、次に事故後のケアとして、教えていないことが原因で起きた事故は会社の責任と認めて、信頼関係を築きます。一方、同じことを繰り返す人材は、配置転換を決断するのも必要な経営判断です。

事故は、職場の人間関係を悪化させるに十分なハプニングです。やりたくて事故をする人はいませんが、事故が引き金となり、人間性を疑うような言動が見えてしまうのが多いのも事実です。叱るほうも叱られるほうも、つい余計な一言を発してしまうからです。

私の失敗談です。礼儀正しく、温厚な人格者で、行きすぎた言動をする若手にも苦言を呈してくれる、先代社長の時代からの大ベテランドライバーのIさん（63歳）がいました。ある日、彼が専用車として乗っている2トントラックのバンパーに凹みを見つけました。

あとでわかったことですが、当て逃げされた凹みでした。

私はその事実も確かめずに、「ぶつけたらちゃんと報告してくれないと困るじゃないか！」と激しい口調で言ってしまったのです。「なんだ！　お前、その口の利き方は生意気な！」と言い残し、Iさんは怒って自宅に帰ってしまいました。頭を冷やして、自宅にお詫びの電話をしても「出たくない」の一点張りで、奥さんも恐縮しきりでした。自宅を訪ねても、何をしても結局、再会すらできずに転職されてしまった苦い経験です。働ける限り働いてもらいたいと本音で思っていたのに、実際には事故ではなかったのですから、何という失言をしてしまったものかと、今も後悔しています。

次に、飽き（マンネリ化）により転職されるケースです。そもそも、なぜ飽きるのでしょうか？　飽きるほうが悪いのか、飽きさせるほうが悪いのか、双方に非がありそうですが、飽きさせないための目標設定や変化、心配りがないと、なかなかこれからの人材難時代には勝ち残っていけないと考えています。

飽きは入社後、3の倍数月（3、6、9、12カ月、3年）で表われやすいので、研修や交流会、面談を意図的に入れていくのが効果的です（詳しくは6章1項）。「うちの会社、面白いよな」と言わせることができれば、定着率も上がることでしょう。

働き手に「面白い会社」と感じてもらえる会社づくりとはどういうことなのでしょうか。そんなことがすぐにできれば苦労しません。当社の6つの営業所の中で最北の拠点である茨城営業所は、一番歴史の浅い新設の営業所ですが、誰も辞めませんし、事故もありません。仲間が出場するトラックドライバー・コンテストやフォークリフト運転競技大会では、日曜日でも所員全員が応援にやって来ます。

尋ねてみると、「楽しいから」「雰囲気がいいから」という答えが異口同音に出てきます。もし言えることがあるとすれば、「会社が所員から信用されていること」が要因と言えるかもしれません。新しい拠点だからこそ、「真面目にやっていこう」という気運が担当営業所長にあります。これこそが信頼関係の源なのかもしれません。

また、「他社への目移り」による転職もよくあります。隣の芝は青く見えてしまうので、これはなかなか防御ができません。他社へ目移りをされる会社の特徴としては待遇の良し悪しも大きいとは思いますが、それ以上に、愛社精神のある社員の少なさにあるのではないでしょうか。

また、転職に抵抗感がなく、気移りが多いタイプはちょっとしたきっかけから態度が急変し、辞職を告げてきます。例えば、たった一度の気に入らない配車がきっかけであったり、荷主から受けた注意だったりです。「あれ、つい先週はずっと働かせてください！いい会社で満足してます！　って言ってたよな」と、私も呆気に取られることがあります。口先で物を言うタイプが他社に引き抜かれるケースが多いように思います。

その反面、物事を少し疑って聞いているような節が見受けられる慎重な人物は、安易な転職になびきにくいタイプです。

以上、最終的には直感を信じるべきだと、私は考えています。場合によっては、勇気ある後退も必要です。

採ってはいけない人物に社内を引っかき回され、その結果、退職者が頻発してしまうようなケースでは、組織が崩壊の危機に貧する前に対策を打ちましょう。一度、組織を再編するために、上長を入れ替える、または問題社員を最悪の場合は解雇するなどの決断が必要ということです。そういう事態に陥らないためにも、絶対に採用基準をゆるめてはいけません。

COLUMN 3

転職の代償

15年ほど前、お盆に入る直前に広島の荷主から電話が入り、急ぎと言われて名古屋から広島まで自ら4トントラックを走らせることになった。子供たちがまだ幼い頃だったが、休日返上の運行は、事務職から転職したばかりの私にとって「代償」のようなものであった。

ところが、お盆返上で運行したのに「えっ、これ、お盆明けでよかったよ」と荷受担当に言われて、私は大きく落胆した。なんとか無事に荷物を引き渡すことができたものの、なんとも気分が晴れないまま、中国自動車道を名古屋へ向け走らせていると、ちょうど瀬戸大橋に渡る分岐点前で、「いよいよ本日より、選抜阿波おどり大会が始まります!」というアナウンスがラジオから聞こえてきた。私は気分転換にもなると思い、「よし行ってみよう!」と進路を変更、徳島市に向かった。

会場に着いて、まず目に飛び込んできたのが、桟敷席という階段状にそびえ立つ有料の観覧席。せっかくなので、一席購入。運よく最前列の席が取れた。それほどの期待感も持っていなかったのだが、間近で感じる男踊りの迫力と女踊りの艶やかさに、一瞬で魅了されてしまった。当社の創立55周年式典では、地元名古屋で活動を行なう「連」を招待して、踊りを披露してもらったほどだ。

休日運行の代償として、いい経験ができたと思っているが、転職というのは人生を左右する分岐点だとつくづく感じる。サラリーマンから事業主への転身で多くのものを得たが、反面、代償として家族との時間が減った。その分、意を決して転職してくる者を応援する気持ちは人一倍あると思っている。

4章

できる人材を獲得するための短中期計画

1 ホームページで強調すべきは「独自性」

将来を見据えて「できる人材」を獲得し、さらに戦力として育てていくには、目先のことだけにとらわれていては、なかなかうまくいきません。最低でも1年から3年くらいの短中期計画を立案し、地道に実行していく必要があります。

4章では、いくつかの具体的な施策を挙げ、1年（短期）あるいは3年（中期）で効果が出やすい方法をお伝えしていきます。

まずはホームページです。

当社のホームページは10年ほど前に作成したもので、今年こそリニューアルしたいと思いながら、結局数年が経っています。しかし昨年、リクルート用のランディングページを

図5　自社をアピールしたホームページの例

http://recruit.narukyu.com

新設しました（図５）。ドライバー募集に資金を投じ、成果を得たかったからです。

その結果、ランディングページ製作以前は40歳代以下が全体の65％（２０１６年）だったのが80％にアップし（図６）、14名の増員、離職率15％減と、「若返り」「増員」「定着」の３つの効果が出ました。

成功した要因として、次の３つが挙げられると分析しています。

①応募者が増加した
②会社説明のプレゼン力が上がった
③既存のドライバーを大きく取り上げたことで、会社への関心が高まった

このランディングページ制作にあたって重きを置いたのが、「独自性」です。自社が独自で取り組んできたこと、特長を中心に公開しました。

リクルート用のランディングページは若い人が見ることを想定して、画像や映像などがふんだんに盛り込まれ、新着情報が常に更新されているものが理想と言えます。しかし、最も重要なのが、「活用されるか？」ということです。スマホ仕様になっていて、ＱＲコー

図6 当社のドライバー年齢構成

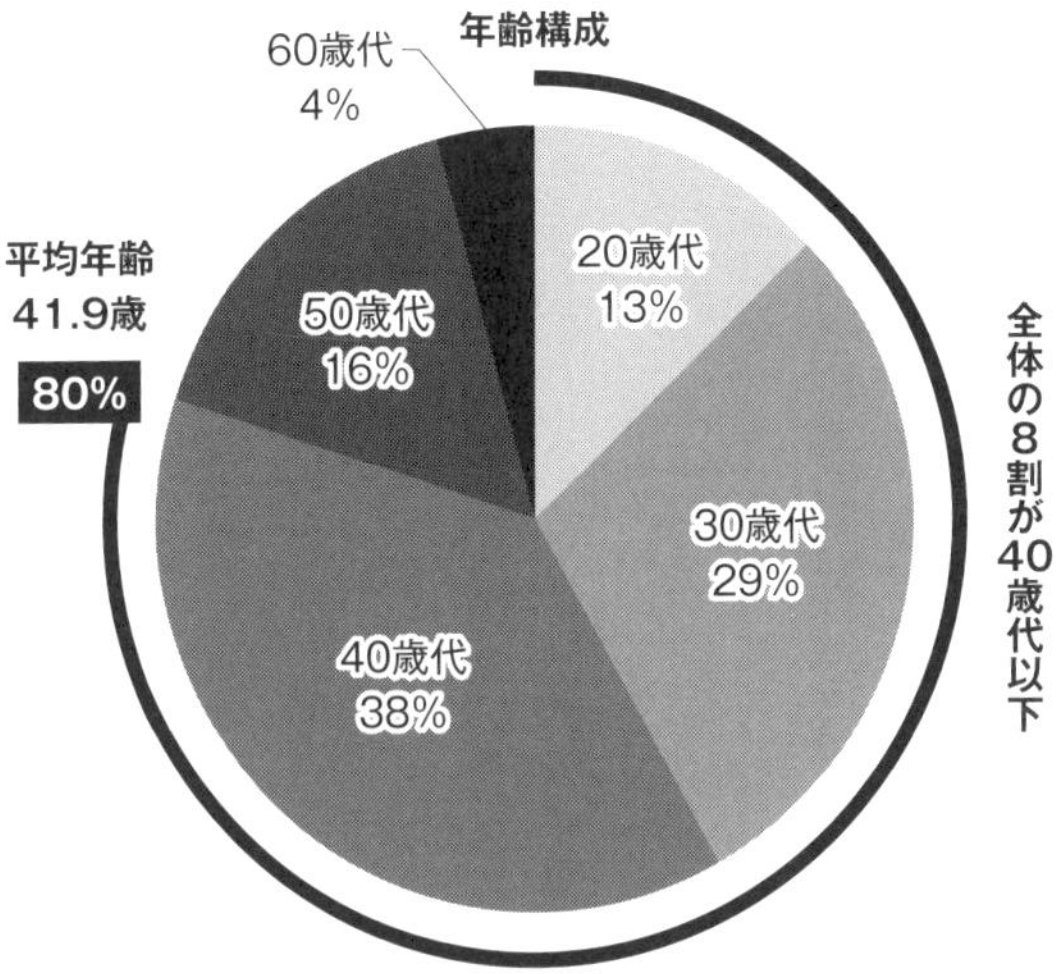

ドがあると検索されやすく、より閲覧されるようになります。

採用サイトがあると外部発信用としてだけではなく、求職者への面接時に活用することもできます。今までは紙ベースの会社パンフレットなどで詳細を説明していましたが、紙ベースのものは更新のタイミングが遅れがちで、ある点で古い情報になりやすい弊害があります。また、複数の拠点で面接する当社では、Web上にあるランディングページで説明したほうが最新のデータをもとに、統一した説明ができる点で利点となります。

自社の独自性（自社が外部に積極的に発信しようとしていることは何か）を社内にもアピールできるものがいいでしょう。

そのような活用をするために、ランディングページで工夫している点は以下の通りです。

- **ドライバーの40％が未経験からのスタートという自社の特徴を強調**
- **当社を知ってもらうため、自社の紹介、教育、安全、福利厚生、先輩社員の声の5点に絞って説明**
- **選考プロセスを、応募（随時）→書類選考（2営業日目程度）→面接（3〜4営業日目程度）→採用（7営業日目程度）と時間軸を交えて記載**

特に若手の採用増につながったポイントとしては、在籍ドライバーの意見や感想から得たヒントをもとに、画像の選択やキャッチフレーズの信ぴょう性などを何度か改変した点です。

2 社内コミュニケーションを生む労働環境改善会議

当社では隔月で、働きやすい、またはずっと働きたいと思える職場環境整備をボトムアップで実現することを目的とした「**労働環境改善会議**」を開催しています。２０１６年から始めたこの労働環境改善会議も、すでに14回目を終え、その成果が徐々に形になってきています。3年ほどかけて軌道に乗せる中期計画案件です。

労働環境改善会議のルールを確認しましょう。

参　加　者　全営業所長とその指名された部下と社長が出席（途中参加可）。

事前の準備　労働環境がよくなる具体的な要望を用意する。

決議プロセス　要望は費用対効果を予測し、実施の可否（承認、否認）は社長が行なう。

進捗管理 実施承認された案件については、次回（2カ月後）までに必ず進捗の報告を行なう。

効果の確認 かけたコストと手間暇と、実際に労働環境がよくなったことで現われた効果を、具体的に社内報にアップする。

この会議で注意しなくてはならないのが、単なる不満の吐き出し先にならないこと。また、「必要なもの」ではなく「あったほうがいいもの」を言うだけ言ってみるなど、コスト意識のない発言が蔓延する場合もあります。

これは、会社にとってはチャンスです。認めるべきものは即断し、認めないものは「なぜ認めることができないか」を理解させる、またとない社員教育の場となるからです。実際の事例を挙げてみます。

要望 「洗車機のホースを伸ばしてほしい」

回答 全員がこまめに洗車しているとは言えない状況である。最低でも1週間に1度の洗車を全員行なっていると確認できた時点で、ホースを延長する。

要望 「車両の乗り替わりが多く、車両／備品不備の改善ができる環境ではない」

回答 修理をするタイミングが遅い。不備が見つかったら直ぐに修理に出す。そこが放置されるから『これくらいは我慢せよ』とさらに放置が助長される。

要望 「ウイング車両の荷台の雨漏り状態が続いており、ドライバーの不安や不満が募っている」

回答 （修繕は行なった後の対応として）雨漏りは原因が断定しづらく、完全な修繕が難しいのと非常に費用がかかるのが特徴。雨の日は防水仕様の毛布をかけて予防してほしい。

要望 「消耗品の在庫を持ちたい」

回答 在庫を持つことで、在庫管理の仕組みや使う側のモラルが重要となり、逆に手間や費用がかかってしまう。手配の迅速化と在庫の必要性を同時に検討し、進めていく。バッテリーは各営業所で在庫を持つことが承認された。

図7　労働環境改善会議の開催

労働環境改善会議

企業文化の醸成と方針理解を
スピーディーに行なえる最良の方法。

（当社の決定事項の例）
- 防寒着の新調　● 給油設備の新設　● 車庫の照明設置
- 夏のポロシャツの支給方法改革　● カレーの日開催

愛知営業所に設置した
夜間用照明

カレーの日は 100 名分を一気に
調理し、各営業所にクール便で送る

☑ 労働環境改善会議の最大の効果は「社長の考え方のパターン」を
管理者とドライバーに同時に理解させられること。

要望 「平ボデーの大シートを補修しながら使用しているが限界に近い。購入していいか?」

回答 あらかじめ細部まで図面化し、使いやすい丈夫なシートの見積もりを入手する。その際、どこをどのように裏地を厚くするなどを検討し、穴があかないようにシートが二重に貼り付けられたものを購入せよ。

これらのやり取りは、取るに足らないようなことばかりです。しかし、このようなやり取りを経営者を交えて定期的に行なうことで、「経営者の判断のパターンやセオリー」を経営陣や中間管理職が学べるメリットが大きいのです。

労働環境改善会議を通じて、社員の声がトップに直に伝わるチャンスが劇的に増えましたし、回を重ねるごとに管理者のマネジメント力もアップしています。社内コミュニケーションと管理者育成が同時にできる、大変効率のいい方法だと実感しています。

3 採用・育成に必須のスキル「伝える力」を養成する

「伝える力」は、採用する段階と育成する段階、双方で重要なスキルです。ここでは、人材育成プログラムの構築まで視野に入れた「伝える力」を伸ばすための中期計画について述べていきます。最低でも2年はかかるでしょう。

まずは、できるドライバーを採用するには、面接官のプレゼン力が重要です。できるドライバーは複数の会社から内定を獲得していることが多いので、選ばれなくては採用に至らない時代に入っていると解釈しなくてはなりません。人手不足はまだ序章にすぎません。私がドライバー採用部を創設してまで、採用のプロ化を目指している真因はここにあります。求人情報の工夫など募集のテクニックや、面接時の自社あるいはドライバー職の魅力の伝え方次第で、できる人材を採用する決め手になると考えているからです。

また、採用後のドライバーの行動を変えるのにも、教育者（インストラクター）の「伝える力」は不可欠と考えます。人間力や統率力はあるに越したことはないのですが、まずは内定者に自社を選択してもらうのにも、入社後ルールを守らせ、注意を喚起するのにも、運転スキルを身につけさせる教育をするのにも、インストラクターの「伝える力」が必要となります。

最初に、できる人材を採用するための面接官の「伝える力」養成についてお伝えします。2つの段階に分けて進めていきます。

【面接・第1段階】採用面接は「見極める」場という固定観念から、自社を「選んでもらう」場という意識の醸成

大手企業で面接官を経験したことのある者に当社でドライバー面接官をさせてみたことがありますが、どうしても上から目線で面接を進めてしまい、応募者の心をつかめないまま、人材の良し悪しの判定だけが最終目的の面接官となっていました。これでは複数の内定を得ているできる人材を獲得することは困難でしょう。

そのためにも、採用面接のロールプレイングは欠かせない訓練となります。当社では、2人1組となって、面接官役と応募側と交互に面接ロールプレイングを行ないます。多くの気づきが得られる機会になります。

【面接・第2段階】聞く60、話す40の面接の実践力の養成

尋問的な面接スタイルは面接官が全体の90％程度話してしまい、見極める意味では有効かもしれませんが、辞退の確率が高い、採用に至っても長続きしない結果に結びつきやすいと感じています。

これも2人1組のロールプレイングが有効です。全体の60％求職者に話させる面接は、のちの育成にもいい影響が出ます。面接官にたくさん話せた求職者というのは、ある意味満足感を抱きます。認めてくれたかもしれない、伝わったかもしれない、やっていけそうな会社かもしれないと、期待感が募ります。

次に、ドライバーを戦力化していく人材育成のためのインストラクターの「伝える力」養成です。3つの段階に分けて進めていきます。

【育成・第1段階】「何のために」(目的)を交えた教え方を確立する

ドライバーは、ほとんどの時間を会社側が管理の困難な、公道上などの出先で仕事をしています。事前に管理者からドライバーに伝わっていないことは、ドライバーは行動にはまず移せないでしょう。伝わらない根底にあるのが、「何のためにその行為をするのか?」が伝えられていないからだと私は考えます。

例えば、何のために運行前車両点検を行なうのでしょうか? これに対する回答が「法律で義務付けられているから」では、多くのドライバーの行動は変わらないのです。ドライバーの行動を変えるには、「相当な車好きでも整備士でも、乗用車の運行前点検はやらないのが普通。でも、トラックは乗用車とは違い、トン単位の重量物の積み降ろしを繰り返すため、足回りには特に大きな負荷がかかっているので、点検をしないといつ不具合を起こして、大切な荷主の商品やあなたの命に関わる事故が起こっても不思議ではないから」などと伝えられれば、効果が期待できると思います。

【育成・第2段階】信頼関係をベースに育成する

まとまりのある定着率のいい集団には、必ずと言っていいほど、後輩・部下思いの先輩や上司がいるものです。ある時は会社を敵に回してでも後輩・部下を思いやる面もあって、経営者にとっては見守り方が難しい面があります。

経営者の勘違いが、かえって上長と部下の信頼関係を強固なものにさせた、つい最近のエピソードをお伝えします。フォークリフトによる同じパターンの荷物事故が減少しない中、対策の一つとして「フォークリフト用のドライブレコーダー」を導入しました。装着して数カ月が経った頃に、効果の確認をしようと私が現場に確認に行ったところ、カメラが真下に向けられ、地面しか映らないような状態になっていました。周囲にドライバーらがいるその場で「犯人探し」をするのはなんとか思いとどまりましたが、高額の投資にもかかわらず、機能していない現状に大きい落胆を覚えました。

私は未熟にも「事故の証拠隠し」「会社への抵抗」と解釈し、すぐに上長に「犯人探し」をするように指示しました。そして、数日後に真相が判明した時、とても後悔しました。フォークリフトのメンテナンス業者がマストのチェーンにグリスを塗る際に、一時的にカメラの角度を変え、作業後に元に戻し忘れたことが原因だとわかったのです。業者からは再発防止の対策書も提出されました。

上長は一貫して部下をかばい続け、部下以外に犯人がいるはずと目撃者などを探し回った結果、業者の仕業と判明したのです。私は部下らに対して申し訳ない気持ちと、自分自身に対する不甲斐なさでいっぱいになりました。もともと離職者のない営業所でしたが、この出来事でさらに団結力が上がったようです。

このような信頼関係がベースにあるからこそ、上長の言葉はきちんと「伝わる」ことを教訓として得ました。私のように部下を疑ってかかるようなことをしていては、言葉や行動が部下にまるで伝わらなくなってしまうという教訓です。

【育成・第3段階】オリジナルの人材育成の手順を確立する

教え好きというのはどの世界にもいるものです。往々にして、人は自分にとって都合のいい話しか聞こうとしません。わざわざ話を聞きたがるようにさせるいいインストラクターは、このタイプとは違うようです。教え好きではなく、聞き上手の話題づくり上手です。

第1段階でも解説したようにいいインストラクターの特徴は「何のために」を入れて説明しています。なぜ、それをするといいか、こうする理由はこうだ、だからこのようにしたほうがいい、などです。一方、「事故が減らない」と口癖のように言う管理者に、「必ず教えなきゃいけないことは、決めていますか?」聞くと、同じ答えが返ってきます。「たくさんあって絞れていない」という返答です。ついいろいろと言ってしまいますが、ポイントが絞れていないと、ドライバーは重要度の強弱がわかりません。

ドライバーは基本的に一人で、監視されていないところ（客先や公道上など）で運行業務を行なうため、必要と理解しないと納得してやってくれず、手を抜きやすいものです。だから、行動まで変える「理解」「納得」「使命感」を植えつける伝え方が大事なのです。

実際、当社がそうでした。先輩それぞれがバラバラのことを言い、どれが正しいのか会社も判断できない。だから、自分にとって都合のいいやり方に落ち着くのです。しかし、そのやり方が原因で事故が起きると、「誰にそんなやり方教わった？」「誰がいいと言った？」と会社はドライバーをやり込めてしまい、そばで見ているドライバーまで、嫌になって辞めてしまいます。

育成段階では教えたいことを10個程度に絞りましょう。そして、教え方を統一するために、手順書を完成させます。手順書通りに教えれば、結果も統一しやすくなります。

手順書は、普段行なっている一連の動きを分解して文章化します。例えば、バック走行手順は①室内のラジオなどの音を消す、②サイドブレーキを引き、右の窓を開ける、③左右のミラーで後方を目視で確認する、④ハザードランプを点灯させる、⑤ギアをバックに入れる、⑥運転席より身を乗り出し、目と耳で安全確認をし、最後に左ミラーを目視した後、サイドブレーキを解除してバックを開始する、⑦バック時は徐行で走行する、⑧ハザードランプを消灯し、バックギアをニュートラルに戻して完了とする、という8つの動きに分解できます。文章化するときは、順番も大事なポイントです。順番が誤っていると事故につながります。このバック走行の手順書ができたことで、事故削減に確実につながりました。

伝えるコツの一つが「絞り込む」ことであり、手順として伝える順番を整えることです。3年程度の中期計画で整えていくといいでしょう。

手順を作るというのは試行錯誤の連続となりがちです。威力を発揮する手順というのは、一朝一夕でできるものではないからです。評価基準を手順書に沿って作り、重要度が高い、または手抜きされやすい項目に高い得点をつけ、できているところを加点する評価表を作るようにしましょう。

4「人材育成がしっかりしている会社」というイメージを確立する

若い人材ほど、所属する会社の育成方針や、その体制に重きを置く傾向があります。「しっかりと育てるから、安心して入社してほしい」というのは、若い人材にとって、入社の決め手になる言葉でもあります。

これは、うわべの言葉だけでは通用しません。実際に育成する体制があるかどうかは、簡単に見抜かれてしまいます。

当社には、「入社して2週間は、未経験者には公道でトラックのハンドルを握らせない」というルールがあります。しかし、徹底されていなかったことが後々私の耳に入ってきました。入社後14日目に行なった社長面接時に、「いよいよ公道デビューだな」と新人ドライバーに話したところ、「もうとっくに公道に出ている」と言うではありませんか。私は耳を疑いました。上長も同席の面接でしたので、事情を聞いてみると「構内練習でとても筋がよかったので、つい公道に出してしまいました」と言います。

私は、それ以上の弁解の余地は与えませんでした。気持ちはわからなくはないですが、こうしたことをうやむやにせず、こだわって死守していくことで、「この会社はきちんと育成してくれる」と語り継がれる育成体制が出来上がるのだと思います。

また、育成に力を入れている事実がある上で、次にイメージづくりをしていかないといけません。実際には育成体制が整っていないのに、あたかもしっかり育成しているかのような、いいイメージづくりだけが先行していくと、在籍者の離職につながる恐れがあるので注意しましょう。

トラックドライバー・コンテストやフォークリフト運転競技大会は、会社の「名誉のため」「知名度アップのため」に取り組んでいるのではないのか？　と入社2年目のドライバーから言われたことがあります。私は「目標が作りにくい業種」であるドライバー職に、目指す目標を与えることで人材のポテンシャルを最大限に引き出し、会社はこの力を集結して業績アップにつなげる。そのための最適ツールがトラックドライバー・コンテスト、フォークリフト運転競技大会と位置付けたことを説明し、納得してもらいました。

育成には、最適なツールが必要というのが私の持論です。何を育成のツールと位置付けるかは、その会社の企業文化や特長、弱点、歴史などを紐解きながら決めていくべきものと考えています。

私が当社（前身の鳴海急送合資会社）に入社した1991年5月の時点では、社員教育や社員育成などは皆無の会社でした。先輩社員が新人を横乗りさせ、同乗させるだけでした。世間話をしていただけとは思いませんが、何を教えるかとか、どういうレベルに達したら独り立ちさせるかなどの明確な基準はなく、先輩社員が「そろそろ（一人で）やらせてもいいんじゃないの」の一言で、一人前扱いをしていました。しかし、それではプロドライバーは育ちません。

人が育つプロセスは、「引っ越し」業務になぞって説明することができます。私は学生時代、引っ越しのアルバイトを不定期で行なっていました。目的は日銭がほしかったからです。引っ越しに行けば、業務終了後に日当を現金で受け取ることができました。それが最大の魅力でした。

しかし、アルバイト初日のことは忘れません。朝、某引っ越しセンターに、指示された時間より早めに行きました。導入教育や業務説明、注意事項くらいの基礎的なレクチャーが行なわれるかと思っていましたが、今日の現場に行く3トントラックの助手席で待機しているように指示されただけでした。

何の説明もなく、いきなり事務所移転の引っ越し現場に連れて行かれ、名前も知らされていない現場責任者らしきミュージシャン風の兄ちゃんから、「とりあえず事務椅子から運び出そうかバイト君」と言われて、せっせと事務椅子を外に運び出しました。全員で何人いるのかも、どれくらいの規模の事務所移転かも、最終的にはどこに収めるのかも全く事前情報はありません。言われたことをするだけです。自分の判断で、椅子を荷台に載せようとしたら、またも名も知らない作業員から叱られました。「椅子は最後に上に乗せるから、邪魔にならない場所によけておけ」ということでした。

後になって、その理由が段々わかってきました。確かに事務デスクなどを積むと、荷台の上部にデッドスペースができます。そこをうまくかさばるものや、事務椅子などで埋めると輸送効率が上がります。

私は訳もわからず、目に入るものをどんどん外に運び出しました。ベテランらしき作業員がトラックに整然と積み上げます。初日のアルバイトである私には、全体像が全く見えていませんでした。最後の最後にわかったのが、倒産した会社の事務所明け渡しの引っ越しということでした。多少、荷の扱いが荒かったのと、指示する荷主らしき人がいなかったこと、事前に行き先も知らされなかったことなどが飲み込めました。

こういった経験を通じて、私は「頼りにされる作業員」に成長していきましたが、「教わる」ことなど皆無に近かったのです。上級者の仕事を見て覚える、失敗して気づく、叱られて覚える、の繰り返しで成長していきました。

しかし、ある日、その引っ越しセンターの大元である引っ越し事業部が廃止されました。予感はありました。新人や後輩に教える気が全くない雰囲気などから「そのうちに潰れる」と感じていました。

私がここで得た教訓は、**人材育成を怠れば、組織は腐りきって、事業はいずれ存続できなくなる**ということです。この引っ越しセンターが、なぜアルバイト代を日払いしていたのかもようやく気づくことになります。要は、「その日暮らし」なのです。

長期展望で事業を見ておらず、その日の業務が終われば、明日のことは明日考えればよい、という考え方でした。おそらく、日払いのほうが人の集まりがよかったのでしょう。

しかし、そのような会社では、熟練工は育たず、人手でしかない兵隊だけで引っ越しをこなしていかなくてはならず、リピーターもありません。秩序の欠けた職場からは、いい人材から順に辞めていき、儲かることもなく、極めつけは大事故や大クレームの発生を機に「事業存続断念」となるわけです。

「人材育成」は、こうした流れを断つために絶対不可欠なアクションなのです。

のちに私は、しっかりとした導入教育、メンバー表に基づいて集合し、現場責任者の紹介から始まり一日の流れを説明するミーティング、注意事項の徹底と安全唱和とサービス精神の徹底唱和、服装チェック、車両の運行前点検と一連のルールが整った大手運送会社の引っ越し事業部にてスポットで働くことになりました。そこでは、私の経験と勘で養った引っ越しスキルは半分も通用しませんでした。いかに我流というのがいい加減かということを思い知りました。人が育つプロセスには、いきなり現場で体験させるのではなく、育成方針に基づいたマニュアルや事前のミーティングなどが必要だということです。

その会社には、数名の育成責任者がいました。引っ越し最大手ではありませんが、すでに「社員を育成する会社」として知られており、現在もその会社の引っ越し事業部は成長を続けています。

5 若手を獲得する面接を行なうための体制づくり

面接というと、どうしても求職者に対して、「相手が何を聞きたいのか？」「相手がどんな人物か見極めたい」と相手のことを質問したり、「伝え漏れがないように」「自社の特徴や仕事内容を理解してもらう」など、こちらが伝えたいことを伝えようとしてしまいます。

一方、求職者が知りたいのは、「就労条件や休日、給与などの現実的な事柄」「会社の雰囲気や人間関係、従業員の定着率」「仕事内容やその難易度、自分にできることか？」「顧客（荷主）のことや財務の安定性」といった具体的な条件面などで、なかなか聞きにくいことを本当は知りたいのです。

この雇う側と雇われる側、両者の思惑を解決する面接ができるかが重要です。そのためには、**面接時に、会社説明を的確に行なう**ノウハウが必要となります。

会社説明の内容としては、若い人材の獲得を目指すのであれば、休日や残業の有無、有給休暇の取得率などは聞かれなくても説明するべきです。

また、それを面接のどのあたりで話すかも重要です。私は面接の前半で話すことをお勧めします。なぜならば、一番重要なことが解決されないと、落ち着いて他の話を聞くことができないからです。

昨年、20歳の未経験ドライバー希望者が会社訪問にやってきました。パワーポイントやリクルート用のランディングページをパソコンの画面やスクリーンに映しながら、会社説明を営業所長が行ないます。すべての説明を30分弱で終え、求職者に「何か聞きたいことはありますか?」と営業所長が聞いたところ、「休日について詳しく教えてください」との反応が返ってきました。後々聞いてみたところ、彼は休日のことが一番知りたくて、それ以外の説明はほとんど記憶に残っていないほどだったのです。

もし、最初にしっかり休日のことを話しておけば、もっと有意義な会社説明になったことでしょう。

次に、若い人材を引きつけるために有効なのが、**同年代の社員との交流**です。

当社のある営業所には、20～30代のドライバーが面白いほど応募してきます。不思議に思った私は、営業所長に理由を聞きました。すると、彼は「うちの営業所は開設して間もないため、たまたま30歳代のドライバーの応募が多かったので、求人誌に『40歳以下のドライバーだけの新しい営業所で一緒に働きませんか？』というキャッチコピーで攻めて見た結果なんですよ」と返答してくれました。

ドライバー採用部創設前は、各営業所が独自の求人を行なっていました。最終面接で社長面接があり、「入社しようと決めた最大の要因は何でしたか？」と私が質問した際に、ある程度ですが、面接官を兼務する営業所長の力量がわかります。今は、募集の内容の統一や地域によって効果が違う求人のやり方の研究など、ドライバー採用部が一括で「専門職」として指揮を執る体制となり、中期計画を着実に実現しています。

若手をうまく獲得することが得意な営業所長の体制づくりからは、思いつき的な発想ではなく、採用した若手の意識をしっかり聞き出し、その上で求人の媒体選びからキャッチフレーズまで中期目線で作り上げてきたことがわかります。

若い人材は、同じく若い仲間の中で働きたいという願望があるのでしょう。この営業所では、若い求職者から応募が絶えない状況が今も続いています。

応募をミスマッチのない採用に、そして定着につなげることが最も重要です。そのためには、面接官の養成が必要となります。養成のポイントとして、

①他の面接官の面接の仕方を見せて学ばせる
②質問のバリエーションを増やす助言をする
③聞くことを重視する姿勢を身につけさせる
④履歴書の見方を研究させる（複数の面接官での座談会など）
⑤ロールプレイング手法を取り入れる（自分自身のことが一番わからないからこそ、気づきの機会を与える）

まとめますと、まずは3年くらいの中期計画で採用体制を整えます。そのためにはまず面接官の訓練が必要です。どんなに訓練が必要かというと、「伝える力」の養成です。小

さな営業所では面接官が育成担当を兼務することが多いですが、そこでも「伝える力」が活きてきます。インストラクターの養成の第一歩が面接官であるとは言いすぎのように感じられるかもしれないですが、相関関係は十分にあるように思っています。

求人内容は統一し、ほしい求職者を引きつけるキャッチコピーの選定と、地域に合わせた媒体の選定、地域のハローワークへのアプローチを行ないます。当社では、「採用のプロ化」をするべく、できる人材を獲得するための専門部署を作りました。ドライバー採用部が面接の段取りと面接の前半を行ない、「この求人者なら営業所長に面接に加わってもらおう」「お引き取り願おう」などと判断していますので、営業所長の手を煩わさずに進めることができるため、営業所長はその後の育成や定着に傾注できる体制にもつながっています。こういった体制づくりは試行錯誤の繰り返しにより、得られるものです。

6 若手が集まらない本当の原因

「うちの会社は定着率がいいから！」と自認する会社の中に、「ただ、高齢化は進んでしまっていて……」と悩みを打ち明けられる同業者がいます。よくよく聞いてみると、「若手は入ってくるが、すぐに辞めてしまう」ようなのです。要は、古株は辞めないが、新しい戦力は排除されてしまっているということです。

高齢化にも限界があります。早く手を打っていかないと、手遅れになってしまいます。手遅れになっている会社には、すでに若手は全く集まらなくなっているはずです。

この原因を直接原因と根本原因に分けて考えてみましょう。直接原因は「出来事が起こる上でもっとも関係している事柄」、根本原因は「物事のそもそもの原因。問題などが発生した大元」ということです。

事故も同じです。直接原因は割と特定しやすいですが、根本原因にまで辿り着けないために、類似の事故が再発してしまいます。根本的にある課題というのは根が深く、解決には時間がかかります。だからこそ、早めに着手しなくてはなりませんが、つい後回しにしてしまいがちなのです。


若手が定着しない会社の特徴として、「いじめ」があります。ベテランから若手への陰湿とも言えるいじめです。「仕事を教えない」「助けない」「無視する」「任せない」「話を聞かない」「脅す」「嘘をつく」など、経営者や管理者の入り込めないところでのいじめが横行しているケースがあります。そういった雰囲気の組織に馴染めず、若手は理由も言わずに去っていきます。

このような負の文化が出来上がってしまった組織は、簡単には再生できません。まずは、原因分析から始めることが必須です。

まずは、なぜ、このような腐敗した組織ができたかの直接原因を分析しなくてはなりません。代表的な原因としては、

①ベテランドライバーに主導権を与えてしまっている
②組織の実態を経営幹部が把握できていない
③評価基準が明確でないために、いい人材が育ちにくい
④会社の将来と個々の将来とをリンクして考える文化がない
⑤厳しい規律や的確な制裁の定めがない

などが考えられます。しかし、これらは一種の現象でもあり、根本原因とは言えません。

例えば①で言うと、なぜ、ベテランに主導権を握られてしまったのか考えるのが肝要です。経営幹部が常に現場に出向いて、状況を把握していれば、ベテランに主導権を握られることはないのではないか？　何もかも現場任せで、耳障りのいい報告を鵜呑みにしてしまう「慢心」が経営幹部にあったのではないか？　など、根本原因が必ずあるはずです。
③の評価基準の不明確さは、人材育成の芽を阻みます。何をどうすれば、評価されるかわからないということは、点数のつけられない試験勉強をしろと言うようなものです。何が正解で、何が不正解か明かされるから成り立つことが多いものです。正しいと信じて行

動した結果が不利益につながり続ければ、納得がいかず、結局いい人材は去っていくのでしょう。

⑤の規律や制裁の定めについては、これらがゆるい会社は、定着がよかったり、急成長をする会社の場合があります。すでになくなった同業の会社の話ですが、規律や制裁がゆるく、一見うまくいっているようでした。しかし、この会社は、結局は倒産してしまいました。突如事故が連発し始め、会社幹部の不正経理も発覚し、過大な設備投資の返済が滞ったのが原因です。規律や制裁の定めがない会社はつまずき始めると、転落のスピードが速まるのではないかと考えます。

我々の業界で必要な規律とは、

①時間や約束を守る（上司も部下も同等。遅刻は厳罰化しないと会社全体がダレてしまう）

②事故が起きたら事実を素早く報告する（自分の都合のいいことしか言わないのはダメ）

③他人に迷惑をかけない（自分さえよければいいという考えはしない）

④「言い訳」や「へりくつ」を言わせない（下手な管理者であると言い負かされてしまう。

認めるべきことは、素直に認めるという規律も必要）

⑤手抜きに対するチェックをして見逃さない（荷締めを省略するなど）

といったことが挙げられます。

どれも当たり前のことのようにも思いますが、当たり前のことができないのが、我々の業界の弱いところでもあります。逆を言えば、当たり前のことを馬鹿にせず、ちゃんとやれば「差別化」につながっていくのです。

それでは、採用のための体制が根付かない、また採れても若手がいつかない根本原因は何でしょうか？　この根本原因の対策ができれば、確実に効果が上がることになります。逆に、根本原因に行き着かないと、何度も同じような状態を繰り返すことになってしまいます。これでは若手が入ってきませんし、来ても定着することはありません。

そこで、テーマに立ち戻り、「若い人材」の採用と定着を目指す上で弊害になっていることを、段階的に考えていきたいと思います。運送・物流会社に規律が根付かない根本原因を「なぜなぜ分析」によって導き出しましょう。

●段階1（風通しの悪い組織）

なぜ、「働く者の声がトップに届かない文化」があるのでしょうか？　耳障りのいい報告や情報は入るが、耳の痛い、真実を解き明かすような情報が入ってこない状態となっているからです。

●段階2（損得勘定が支配する組織体制）

では、なぜこのような閉ざされた文化が根付いたのでしょうか？　それは、損得の問題でもあります。社員が「言っても得しない」「言ったら、逆に損する」ことを悟っているからではないでしょうか。真実を打ち明けて得する会社なら、耳障りの悪いことでも言うものです。

●段階3（損したくない消極的な組織の存在）

なぜ、いい提言を持っていても口に出して伝えようとしないのでしょうか？　得以上に「言えば損する」ことが実際にあるから、黙っておいたほうがいい、「言って損するくらいなら黙って辞めてしまおう」となるのではないでしょうか。

ドライバーは、比較的物事をはっきり口にする者が多いように思います。まともに聞くと頭にきますが、かといって謝して聞くほどの人格者でいる必要もないので、日報に書かせる仕組みを作っておくといいでしょう。後々、財産になるようなことを不器用ながらもきちんと伝えてくれるドライバーはいます。書くことが苦手な者が多い反面、話すことが苦手で、文字にすることで伝えようとしてくるドライバーも少なくありません。

●段階4（会社にとっての損得と働く者の損得を理解した上での経営判断基準がない）

なぜ、この「損したくない」という当たり前の欲求が強く出てしまう組織ができてしまったのでしょうか？　おそらく、労使の立場の違いから、両者が正当に向き合う仕組みがないからでしょう。大手には労働組合があって、労使協議という場が作られています。しかし、中小にはないケースがほとんどですし、あったとしても実態としては機能していません。労働組合が必要という意味ではなく、労使が互いの立場を分かり合える仕組みがあるかどうかなのです。

●段階5（自分は何のために、どうして働くのかを考えさせる機会を与えていない）

なぜ、労使が向き合い、互いの立場をわかり合える仕組みができていないのでしょうか？それは結局、「何のために働くのか」といったマインドを考える機会がないに等しいからではないかと私は思います。これは、働くための原点ですし、会社の発展には欠かせない思想であると考えています。

つまり、小手先のテクニックを乱発しても効果は出ず、会社全体の問題として中期的な視線で根本的な問題から掘り起こしをしなくては、序章に過ぎないと言われる人材不足を乗り越えることはできません。できる人材を採用する「採用のプロ化」を進めていき、しっかりと人材を育て上げる環境を作る。この一連のプロセスを経て、戦力を確保する体制を今から作っておけば、まだ間に合うはずです。

7 3年間で15名の20～30代ドライバーを採用した営業所の求人内容

「40歳以下のドライバーだけの新しい営業所で一緒に働きませんか？」

156ページでも触れましたが、このような内容で求人を続けた結果、3年間で60名の応募者、40名の面接、17名の採用、離職者2名という結果を出した営業所があります（2019年3月時点）。新しい営業所ならではの勢いもあるかもしれません。

一方、40歳代以上が多く在籍している愛知営業所は、66年の歴史を積み上げてきた大元の営業所です。組織の硬直化もあります。人を入れ替えても簡単に組織風土は変わりません。一時的にあえて若いチームを作って増員を図る作戦もありかもしれません。

具体的に行なったのが、前出のランディングページの製作を、高校新卒で経理事務をこなす7年目の女性事務員に任せたことです。我々中高年にはない感性や新しい仕事への意識の持ち方を表現してもらったのです。いきなり4名の20歳代の未経験ドライバーが採用できました。

同じタイミングで作ったオリジナルキャラクター（NALちゃんとQくん）も活躍してくれました（図8）。これもデザイナーさんからの提案を社内の皆で何度も練り、選定したものです。図9は、女性事務員が毎月作成する月間スローガンを盛り込んだ社内向けポスターです。

3年間で多くの若手ドライバーを採用できた要因は、求人内容に繰り返し盛り込んだ「新たな取り組み」であったと分析しています。

今時の若者は、先輩風を吹かされることを嫌がる傾向が強いように感じます。青山学院大学の駅伝部が常勝軍団となるプロセスの中に、「先輩後輩間の壁を取る」という取り組みがあったと聞きました。個々の力を十二分に引き出すためには、無意味な上下関係は不要なのかもしれません。

図8　当社のオリジナルキャラクター

図9　キャッチフレーズを盛り込んだポスター

8 新卒ドライバー採用へのチャレンジ

高校または大学新卒のドライバー採用にチャレンジできないものか? そう考えた末に、大学の体育会に所属する卒業予定者を対象とした就活イベントに出展しました。

当社は、体育会系の学生に響きそうな、「トラックドライバー・コンテストで日本一を目指しませんか?」というキャッチフレーズで臨みました。

トラックドライバー・コンテストを目指して、ドライバー職を3年間頑張ってもらうが、ドライバー業務は週3日、あとの2日は道交法などの学科の勉強や外部のセミナー受講、週休2日という育成プランを提示しましたが、結局、入社志望する学生は皆無でした。

(学生)「何の業界ですか?」

(当社)「物流関係です」

（学生）「トラック？　ごめんなさい、あまり興味ないんで……」

といった会話が続くばかり。

また、本音を覗かせる会話もありました。「大学出て、トラックドライバーなんて、親には言えない」とか、「ドライバー不足って聞いてますけど、何をする前提の募集ですか？」と事前の「動機付け」への思慮の甘さを思い知らされました。

就職展の後半には、アピールの手法に少し工夫をしました。それは、「ドライバーを指導する教育事業です」と、一般社団法人 日本トラックドライバー育成機構の事業のほうを前面に出して訴えました。すると、野球部に所属していた数名の学生がブース内の椅子に座ってくれました。

我々の話を真剣に聞いてくれた野球部ＯＢでしたが、その一人が「キャリアプランの資料って、ありますか？」と聞いてきました。言葉では説明できても、資料化したものはなかったので、どう使うか尋ねたところ、「親に説明できるものがほしい」という答えでした。先々までのキャリアプランが用意された上で新卒は採用すべきであると思い知らされた経験でした。現在、ドライバー採用部では新卒採用に取り組み始めたところです。

COLUMN 4

やる気スイッチの入れ方

2019年1月、テニスの大坂なおみ選手が全豪オープンを制し、日本中に感動をもたらした。気迫に満ち溢れた素晴らしいプレイで、私のような素人目からでも、彼女の進化が見て取れた。

やる気のスイッチが入る瞬間は人それぞれだ。高い技術や広い見識も、十分に発揮できなくてはもったいない。ドライバー職のやる気スイッチについて、多くの現役ドライバーに聞き取りをしたところ、「僕は先輩ドライバーから、一日の運行の最後は運転座席をリセットして降車するといいと教わり、以来ずっと続けてます。そして、翌朝運行開始時にリセットしてあった座席を自分のシートポジションに合わせた瞬間、『よし！今日も一日無事故で頑張るぞ』と、やる気のスイッチがバシッと入るんです」と、実にいい表情で語ってくれたドライバーがいた。オンとオフを上手に切り替えるお手本のような答えだ。

どうも近頃、さまざまな安全装備がトラックに装備されたせいか、運転中の集中力の欠落による事故が多い気がしてならない。もちろん運転スキルも磨く必要はあるが、それ以上に運転マインドを磨く教育訓練に時間を費やす必要がありそうだ。その延長にプロドライバーの自覚が芽生え、マナーのいい、高いモラルを持ったドライバーへの進化があるのだ。

かく言う私のやる気のスイッチはというと、はたして一日中オンになっているだろうか。私の恩人、故S税理士の言葉が脳裏をよぎる。それは、「経営者の優劣は、朝、家を出る表情を見れば一目瞭然である」という教えであった。一日の始まりには、やる気に満ちたいい表情でスイッチを入れたいものだ。

5章

採用したドライバーを辞めさせない工夫

1 教えていないことはできないと考える

ある1万人規模の従業員が働く、マンモス企業の安全担当者の嘆きを聞きました。

「毎日のようにさまざまな事故が起きている。原因が特定できないことも多いが、いくら教えても、教えた方法でないやり方で起こす事故ばかり」

ドライバーの我流のやり方が引き起こす事故が、一向に減らないというのです。

危険な我流ドライバーが育ってしまうのは、「基礎からきちんと教えない」からです。

要は、先輩の見様見真似をさせたことが最大の原因です。

偶然、正しいことを身につけられればいいのですが、間違ったことを身につけてしまうと、消去作業は難航します。つまり、本来の正しいやり方をやれるはずなのに手抜きの方法が身についてしまった状態から、手抜きの方法を消し去る作業です。

具体的には、ハンドルを片腕で、手のひらで操作することなどです。最近の車両はトラックでさえもパワーステアリングが装備されているので、両腕でハンドルを回さなくても楽々とハンドル操作ができます。自動車学校では絶対に教えませんし、やってしまえば厳重注意を受ける行為です。なぜ正しくないかというと、ハンドル操作ミスによる事故につながるリスクがあるからです。そして、正しく両手送りでハンドルを回すほうが、早く回せるため、危険回避にもつながるのです。しかし、一度染みついた癖はなかなか抜けません。

私のような昭和の世代では「背中を見て覚えろ」が通用した時代でしたが、今時の若者には通用しません。彼らは「教えてもらう」ことが前提で育ってきています。自分から研究するというよりは、「教えられたい」願望が強いのが、今時の若者の特徴ではないかと私は考えています。

また、彼らには教えてもらったことを忠実に再現できるというよさがありますが、一方で教えていないことには極端に応用が効きません。素直に自分の非を認めずに、自己肯定を繰り返す者が多いのも、今時の若者の特徴です。先輩や年長者が諭すように「そうじゃないんじゃないか?」と言えば、「自分は間違っていないと思う。なぜかと言うと、こういう解釈で以前、教えられましたから」といった反論が返ってきます。自ら質問をしないのも特徴の一つです。質問をさせるように仕向けるのも、若者育成のコツです。

中には応用力があって、一人でやっていける人材もいるかもしれません。しかし、今時の人材は手がかかるものと捉え、労力を惜しまずに、「教えることは必須である」ことを前提にして、事故やミスを引き金とする退職をさせない体制を作ることをお勧めします。

そこで必要になってくるのが、教育ができる人材（インストラクター）です。誰が何をどのように教えるかが、早期離脱回避には重要になってきます。

特に運転技術については自動車学校で習ったきりのはずで、確かな運転技術が身についているとは思えません。最低限のことができたという状態で免許証をもらっているので、放っておくと、ほとんどの人が我流の運転になってしまっています。

プロとして仕事する以上は、インストラクターからの「再教育」は不可欠です。入社時が矯正の最大のチャンスです。教えられることに慣れ、再現力に優れている今時の若者なので、この入社時の教育体制が早期に辞めさせないための重要なポイントとなります。

とは言っても、急に完璧に教育体制が整うわけではないので、段階を追って整えていけばいいと思います。

まずは、インストラクターに向く人材を特定します。社内の人間ならば誰でもいいわけではなく、ドライバー育成の専任者を設けるのが重要なポイントです。いろいろな人間が教えるのはいいことではない、ということをまずは知っておいてください。

次に行なうのが「教える内容を決める」ことです。

①運転席への乗り降りと座席のポジションの決め方
②正しい右左折走行
③バック走行のやり方
④ウインカーの出し方（意義とタイミング）
⑤運行前点検のやり方

この5点だけでもしっかり教えることができるインストラクターが配置できれば、今時の若者は確実に定着する方向に向かいます。②と⑤はやや難易度が高いですが、訓練により教える力は身につきます。我々の運営する一般社団法人 日本トラックドライバー育成機構では6日間の講座を通じてこの訓練を行なっています。

肝心なのは、誰が、何（教育メニュー）を、どのように（OJTかOFF-JTか）行なうかです。ここを明確にしないと、非常に大きなロスを生む（せっかく獲得した若手人材を辞めさせてしまう）ことになりやすいと理解すべきです。

OJT（On the Job Training）は、職場で実務をさせることで行なう従業員の職業教育のことです。一方、OFF-JTとは、職場外訓練の略で、講習会や研修会を開き、OJTでは習得できない知識や技術を教育することです。OJTでは、自社独自の業務内容のレクチャーや実務を行なうための訓練をすべきでしょう。一方、OFF-JTでは、各地域のトラック協会などが主催する、初任運転者講習などプロの講師が行なうものに参加させ、正しく知識や技能を身につけさせるのが適切です。

2 職場環境改善はスピード感が大切

人材難はまだ序章であると述べてきました。つまり、人を受け入れる体制を整えることが事業の存続をする上での条件となるということです。その中でも素早く対応すべきなのが職場環境改善です。

改善は、「一つひとつ着実に」ではなく、「同時進行で」行なう。これが、採用した人材を辞めさせない職場環境改善の考え方です。

当社の愛知営業所では現在、女子更衣室と専用手洗い、パウダールームの改築中です。これは、パートドライバーを雇い入れるための準備です。すでに倉庫での梱包作業では半数以上の5名が女性、トラガールも3名在籍中で、女子事務員の6名を加えると総勢14名となり、これ以上の増員には現有施設では耐えられないと判断しました。

肝心なのは、**職場環境改善のスピード感**です。いくら労働時間の短縮や休日の確保を謳ってても、職場の環境整備が遅ければ、なかなか目に見えた成果は上がりません。複数の案件を同時進行していったほうが成果を得られることも多いと私は考えています。

中小企業には資金も潤沢にありません。本来なら、第一に女性への配慮、次に研修棟の設置、そして、デジタルタコメーターのリニューアル……と、一つひとつ着実に行ないたいところでしたが、今回は「従業員が不便に感じている」ことに対して同時進行で実施するという思い切った決断をしました。

職場改善が進んでいるか否かを冷静に見ているのが、意外にも今時の若者です。以前、フォークリフトの年次点検をし忘れていることに気づいた20代のドライバーが所長に「年次点検の期限超えています」と報告しました。その所長は、どうもそれには気づいていたようでしたが、すぐには点検に出しませんでした。しばらく様子を見ていた20代のドライバーはついに、私に「こういうことがいい加減な会社にはいたくない」と言って去っていきました。今では、洗車と点検最終日をマグネットで見える化するように反映されましたが、とても苦い出来事でした。

新しい取り組みや改善をどんどん行なっている同業者は、人材も確保できていて、新卒の学生もコンスタントに獲得できており、十分な利益も出て、力強さを感じる経営ができています。一方、現状の問題を分析までは的確にしながらも動けていない、または空回りを繰り返している同業者の人材は漸減し、やむなく仕事量も減り、事業縮小が徐々に進んでいます。

聞き分けのいいベテラン古参社員を重用しすぎて若手が定着せず、構成メンバーの高齢化は限度まできている。赤字が出始め、運賃値上げを画策するも、荷主さえも将来性に不安を感じ、転注されてしまう。黒字化への目途が立たなくなってしまっている……といったところまで来てしまうと、立て直しはなかなか容易ではありません。

「やると決めてスピードを意識してやる！」。えらそうに言うこの私も、実は、まさに立ち止まったまま動けない時期がありました。社長就任から20年間、しゃにむに働いて、少し成長を実感でき始めた頃、自分に言い聞かせるように「今は踊り場なのだ。止まっているのであって、動けないわけではない」と口外もしていました。動き続けてきた私を支えてきた部下にもゆっくりしてもらおうという気持ちもありました。しかし、改善や新たなチャレンジを小休止してしまった組織はなかなか元のようには動き出せなくなっていたのです。

そこからの軌道修正に3年かかりましたが、新規事業として一般社団法人 日本トラックドライバー育成機構を発足させ、組織改革を一気に行ないました。この改善スピードを評価してくれたのが、ベテラン以上に若手社員だったのです。

よく変化を嫌う消極的な社員の存在を嘆く話やエピソードを見聞きします。働き手が変化を楽しんでくれることは稀なことです。しかし、10年前に訪問した会社に再び訪れた際、オフィスのレイアウトなど、あらゆる設備がそのままで変化が全くないように感じることがあります。反面、数年しか経っていないのに、様変わりしている会社もあります。どちらが優れているとか劣っているとかではありませんが、勢いを感じさせるのは後者です。

3 ドライバーに多種多様な選択権を与える

輸送の形態が大きく変わった要因の一つとして、「多品種少量生産」が挙げられます。スーパーマーケットなどに行くと、醤油1つ買うにも生産地や味（薄口か濃口か）や量、あるいは真空パックかそうでないかなど、消費者には幅広い選択肢が与えられています。消費者の嗜好の多様化と飽食の時代背景から商品寿命は短く、売れるものを新たに開発しなくてはならないと、供給側の意欲が旺盛な分、流通は煩雑かつコストアップしています。これこそが運賃が上がらない主因ではないかとさえ思うことがあります。

いずれにしても、選択肢の増加は時代の進展の一つと言えますし、国が推進している「働き方改革」を推し進める要因にもなると考えます。

なぜ選択肢が必要かというと、そもそもドライバー気質を持つタイプというのは、よく言えば個性的、悪く言えば他人と同じことを強要されるのを嫌うタイプが多いように思います。コンプライアンス強化により、窮屈になってしまったドライバー職の位置付けに異論を唱える人は少なくないと思います。ＧＰＳで位置情報を監視され、ドライブレコーダーで運転席を映して記録され、デジタルタコメーターで運行情報を徹底評価され、高速道路では連続運転時間と最高速度を管理されているのが、昨今のドライバーです。

その結果、確かに事故は減少していますが、ドライバーのストレスは溜まり、その上、低賃金になってきているとあれば、ドライバー希望者が減っていくのも仕方のないことです。これらの背景を鑑みると、私は、ドライバーに**選択の自由**を与えてもいいのではないかと考えています。先にお伝えしたように、「２つ締めつけたら、１つゆるめてやる」ということです。

当社では、夏のユニフォーム（ポロシャツ）を11色、長袖と半袖の22パターンから選ぶ制度を導入しています。その結果、「ユニフォーム着用率が格段に上がった」「女子事務職も着用するようになり、一体感が出た」「仲間の間で会話が増えた」などのプラス効果がありました。

日頃から何かと規制を強めることが多い中、「ゆるめる」ことは必要なことだというのが、私の結論です。ゆるめ方はそれぞれの企業文化がありますので、一概には提示できませんが、当社でうまくいっているのが、安全目標20項目の活用です（図10）。毎日の始業点呼時、各ドライバーに安全目標を示した20項目の中から2つ選んでもらう取り組みです。始業点呼の際に行なうことで、「選ぶのに頭を使うので、パッと目が覚める」という声もありました。おそらく面倒くさがって、毎日同じ項目を選ぶ人もいるだろうと予測していた点呼者からは、「意外と、日々違う項目を選んでくれるのがうれしい」という声を聞くことができ、一定の効果が確認できました。

今後も、作業帽のデザイン選択制、トラック架装の希望選択肢反映（ラウンドカーテン・カーナビ・CDプレーヤーいずれかを選べる）などを考えています。

次に、今後必要となってくるのが、**働き方のバリエーション**を増やすことです。当社が実際にやってきたことは、「他営業所への派遣制度」です（留学制度と呼んでいます）。条件として、①最低半年間、②単身赴任、③運行管理者資格取得、④複数の運行を体験、⑤人間関係を円滑に保つ（営業所間交流の一役を担う）の5つを設けました。

また、その報償として、①期間内の高給保証、②帰営後の待遇アップ、③営業所に持ち

図10　始業点呼時に活用する安全目標20項目

① 雨濡れ注意	⑪ 急な天候変化に注意
② 車間距離注意	⑫ 横風・突風注意
③ 飛出し注意	⑬ スマホ・携帯操作注意
④ 巻き込み注意	⑭ 横断歩道前必ず徐行
⑤ スピード注意	⑮ 一時停止箇所タイヤ停止１秒
⑥ スリップ注意	⑯ 前車の急な右左折注意
⑦ 高速走行注意	⑰ 早めのヘッドライト点灯
⑧ 子供注意	⑱ トンネル出入り口注意
⑨ 週明け運転注意	⑲ バック開始時後方注意
⑩ 前方渋滞時追突注意	⑳ 自転車注意

▶始業点呼時、各ドライバーがこの20項目の中から2つ選ぶ。自分で選択することで、注意事項をより意識するようになる。

帰るお土産（洗車ブラシを新調する程度の要望を聞く）、④将来の営業所長候補とする、この4つを約束しました。

これが意外と「働き方改革」につながり、営業所間の相互応援体制が出来上がりました。ドライバーの家庭事情や怪我などによる一時離脱や慶弔、新婚旅行などを容認できる体制が実現されたのです。

働く時間帯の選択を可能とする制度や、週休3日制社員や副業の容認や育児ができるドライバー職などを求める声も多いですし、こういったことこそが「働き方改革」と言えるのかもしれません。

99％が中小零細企業である我が業界では、こうした「働き方改革」を実践していくのは難しいのも事実です。ただ、「難しい」の一言で片付けてしまっては、いつまで経っても魅力ある業界にはなりません。まずはできることから始めてみてはいかがでしょうか。

4 同乗教育のやり方のいい例・悪い例

間違った同乗教育をしないためには、教えるスキルのレベル合わせと、社内での整合性を図る事前のアクションが不可欠です。つまり、教える側が複数の場合、人によってそれぞれ教えることが違うと、育つものも育たなくなるということです。

例えば、未経験で入ってきた人材から「同乗教育の際にAさんに教わった通りに行なったこと（車線の中央走行）をBさんに注意（左寄りに走行しろ）された。どちらの言うことを聞けばいいのですか？」と聞かれたとします。結論的には、Aさんが正しく、Bさんが間違っています。Bさんは教え好きかもしれませんが、我流の思い込みの知識が多い人かもしれません。残念ながら、Bさんにしっかり教わった未経験ドライバーは事故を起こしやすいドライバーに育ってしまう可能性が高いと言えます。

特に、未経験ドライバーを戦力化するために初期段階でつまずかないよう、レベル合わせのしやすい項目、間違いやすいスキル、個人の裁量に任せてもいい項目、絶対にやってもらわなくてはならないことを、安全会議などで損害保険会社の事故担当者や安全コンサルタント等の専門家を交えて十分議論し、教育担当者の伝え方に共通認識を持たせることが必要です。

次は、プロドライバーとしていいスタートを切るために習得すべきスキルの一例です。

走行1 ハンドル操作は両手で行なう

走行2 運転座席は直角から20度以上倒さない

走行3 死角を少しでもなくすため（上半身を動かしやすい2の運転ポジションとし）、頭を動かして安全確認をする

走行4 方向指示器は早めに点灯

荷扱い1 異常を感じたら、些細なことでも報告する

荷扱い2 素手で製品を触らない（けが防止）

荷扱い3 積み下ろし時の異品確認をする

荷扱い4 適切な荷締め機を使った固縛確認をする

運行前点検1 「点呼前」に行なう

運行前点検2 極力「平坦な場所」を選んで行なう

運行前点検3 「不良個所の発見」が最重要

運行前点検4 週に一度はエアーゲージを使ってタイヤの空気圧を測定する

接客1 清潔な制服を正しく着用する

接客2 挨拶は明るく笑顔で行なう

接客3 客先では相手の役職等にかかわらず、すべての方に挨拶する

接客4 伝票などの受け渡しは両手で行なう（片手渡しをしない）

路上マナー1 信号待ちなどで前車に近付きすぎない（前車のナンバープレートが見える位置）

路上マナー2 （進路変更の際は）ウインカー点灯から3秒後に進路を変更する

路上マナー3 横断歩道で停止する際は停止線より1ｍ手前で停車（威圧感を与えない）

路上マナー4 ネームプレートを必ずつけて走行する

以上のように、同乗教育では運転や作業だけではなく、カテゴリーごとに守るべきことを合計20個程度に絞って伝えましょう。同乗教育の目的と課題の提示と「合格基準」をあらかじめ定めてスタートできた教育は結果的に成果を上げやすいと言えます。

ゴールが見えない同乗教育は教わる側はもちろん、教える側もストレスが溜まるので、注意が必要です。対照的に、教える側も同乗だけなら楽、教わる側も一人より不安がないなど、ストレスの全くない同乗教育も長引かせる原因となるので、気をつけたいところです。

ただ、教える側の重要な留意点として、隣に乗って、指摘点ばかりを口にし、「なぜ、そうしなくてはならないか」の説明がない教育は効果が上がりません。

例えば、右折の際に右後方の安全確認を怠った場合、「安全確認が抜けたぞ」だけでは不十分です。「今は前方からの危険に気を取られすぎていたから、右後方に注意が行ってなかった。ミラーで確認しながら右折直前に目視確認すると完ぺきだったよ」というような指導がいいでしょう。

他の例としては、「道路の中央を走行しなさい→進路変更（右左）をどちらにする際も差異がなく安全」、「車間距離をあけなさい→ここは下り坂だから、横断歩道が近付いてきたから、高齢者が前を運転しているから」などです。

また、現場（同乗教育）で事前に受けた罰則説明は受け入れるが、事が起きてから決まった罰則には反発されるので、同乗時にしっかりと説明しておくべきです。

以前、申告のないキズがアルミ製のウイング車で発見されました。担当ドライバーに確認したところ、対向車線のトラックが中央線寄りに近付いてきて、左に避けないと接触しそうだったので、左に寄った際に街路樹の枝に当たり、凹んでしまったとのことでした。「申告のないキズ、凹みは修理代を一部負担させる」という罰則が当社にはあります。しかし、この時は、「聞いてない。ぶつかっていたらもっと被害は大きかった」とへりくつを重ねて、話が前に進みませんでした。これも同乗教育時に事例も交えて説明しておけば、結果も変わったかもしれません。

5 賞罰の決め方を工夫しよう

事前に受けた説明とはいえ、相手が「聞いてない」と言えば、それは説明済みとは言えません。書面にサインさせる手も有効ではありますが、サインを頻繁に書かせたりして、過去にもめごとが起きていたのかと思われてしまうのは避けたいところです。そこで、賞罰を同時に話して聞かせれば、都合のいいほうだけを覚えているとは言いにくくなります。

サインさせる際も、賞罰規定を理解した旨のサインをさせるとよいでしょう。褒賞と罰則を事前にバランスよく取り決め、結果的に褒賞のほうが多くなるように図るのが、いい人材を辞めさせない策としては有効だと思います。

褒賞は、特別教育を受ける、資格試験を受ける、競技大会に出場するなどのチャレンジに対して、ささやかでもいいので与えるようにします。

一方、罰則は目的がはっきりしないと悪になります。ドライバーの多くが、会社に実害がなければ、罰則を与えられるのはおかしいと考えています。実害というのは、弁償金や運賃値引きなどです。荷主から信用の失墜や手間をかけさせてしまうリスク、謝罪の手間、コストまでは考えないことが多いのです。

以前、燃料系統の小型の自動車部品を荷扱い中に転倒させてしまったドライバーがいました。荷主は選別基準に従って不良品を取り除いてくれれば、良品だけは受け取ってくれるとの回答がありました。私は感謝の気持ちでいっぱいになりました。

しかし、当事者である惹起者のドライバーは「どうせ運送保険で処理できるのだから、選別なんて手間なだけだ」と仲間内に愚痴ったそうです。それが私の耳に入り、放置してはおけないと、皆の前でこう主張しました。

「我々は代わりのきかない重要部品を運ばせていただいているのだ。破損したら弁償すればいい、ということではない。材料から買い直し、いくつもの工程をやり直して、納期に間に合わせなくてはならない。必要のない残業や手配のための時間と手間、精神的なストレスを与えてしまうことになる。選別して1つでも多く製品を届けることができることに感謝しなくてどうするんだ！」

この時、私はドライバーに相手の立場（荷主や最終ユーザーなど）を理解させるのは、本当に難しいことだと思いました。

特に将来有望な若手ドライバーに一番理解してほしいのは、事故やミスやクレームがいかに罪深く、多方面にわたって影響を及ぼすことかということであり、そのために安全を維持し続けることの尊さです。しかし、賞罰制度が表面上の制度としてだけの位置付けだと、本来の目的であるはずの褒賞による「やる気の引き出し（モチベーションアップ）」と罰則による「手抜き作業やルール軽視の抑制」の効果が薄れてしまいます。最低でも5年実施計画で、途中で取り止めない褒賞制度を作りたいものです。

褒賞の予算化をしている会社が少ないのは、どうしても利益還元的な考えがあるからではないでしょうか。「赤字状態では褒賞など出せない。余ったお金でなら出してやってもいい」「効果の期待ができれば予算化はできる」というのが経営者の、「約束してもらえるなら頑張る」というのが働き手の本音かもしれません。

これは人材難だからといって態度を急変させるのではなく、せっかく獲得した人材を戦力化する前に辞めさせることを何とか防ぎたいという思いからの工夫です。

6 「やらされ感」のない教育訓練

人材育成のための有意義な教育訓練とストレスが溜まって退職に仕向けてしまう教育訓練、その違いはどこにあるのでしょうか。ここがわかれば苦労しませんし、費用対効果も当然、高まります。

教育訓練の意義を理解し、のめり込める人が2割、必要だとわかっているが仕事だからと割り切り、「やらされ感」を持ちながら取り組む人が6割、すぐにでも逃げ出したい、強制が続くなら辞めてしまいたいという人が2割というのが、通常の運送会社の実態でしょう。私は、このうち6割の人材をどのように持っていくかが重要と考えます。

「やらされ感」の強い教育訓練となってしまう理由は、ゴールが見えない、効果が想定できない、なぜ必要か理解できない、自分は大丈夫、高めたい欲求がない、やる気が失せる言い方をされた、辞めたいと思っていた矢先のタイミングだった、時間が長い、休日が犠牲になっている、テーマが明らかにズレている、嫌いな上司が講師役……など、さまざまです。

一方、教育訓練の有意義さを感じる時というのは、困りごとを解決できそう、短時間集中型、テーマがタイムリー、遊びの要素も入っている、半日だが一日出勤扱いになる、班別に分けられる選択可能な講習、時間厳守が約束されている、好きな上司が行なう講義などです。

また、事故が起こった時は教育訓練の効果が現われやすく、七転び八起きという意味ではチャンスです。事故がありきの発想で好ましくないかもしれませんが、ショック療法は短期的ではあれど効果が出やすいものです。例えば、事故発生をきっかけとしたショック療法は、ドライブレコーダーの映像を使ったものが有効です。

ここで大事なのは、**事故からの教訓が明確であること**です。「気をつけましょう」で終わらせず、真因究明の絶対的機会とすること。議論させ、本音をしゃべらせ、意見を聞き入れる有意義な機会となることです。「自分だったらこうした」など自分の身になる話が

図11　教育訓練後のアンケート例

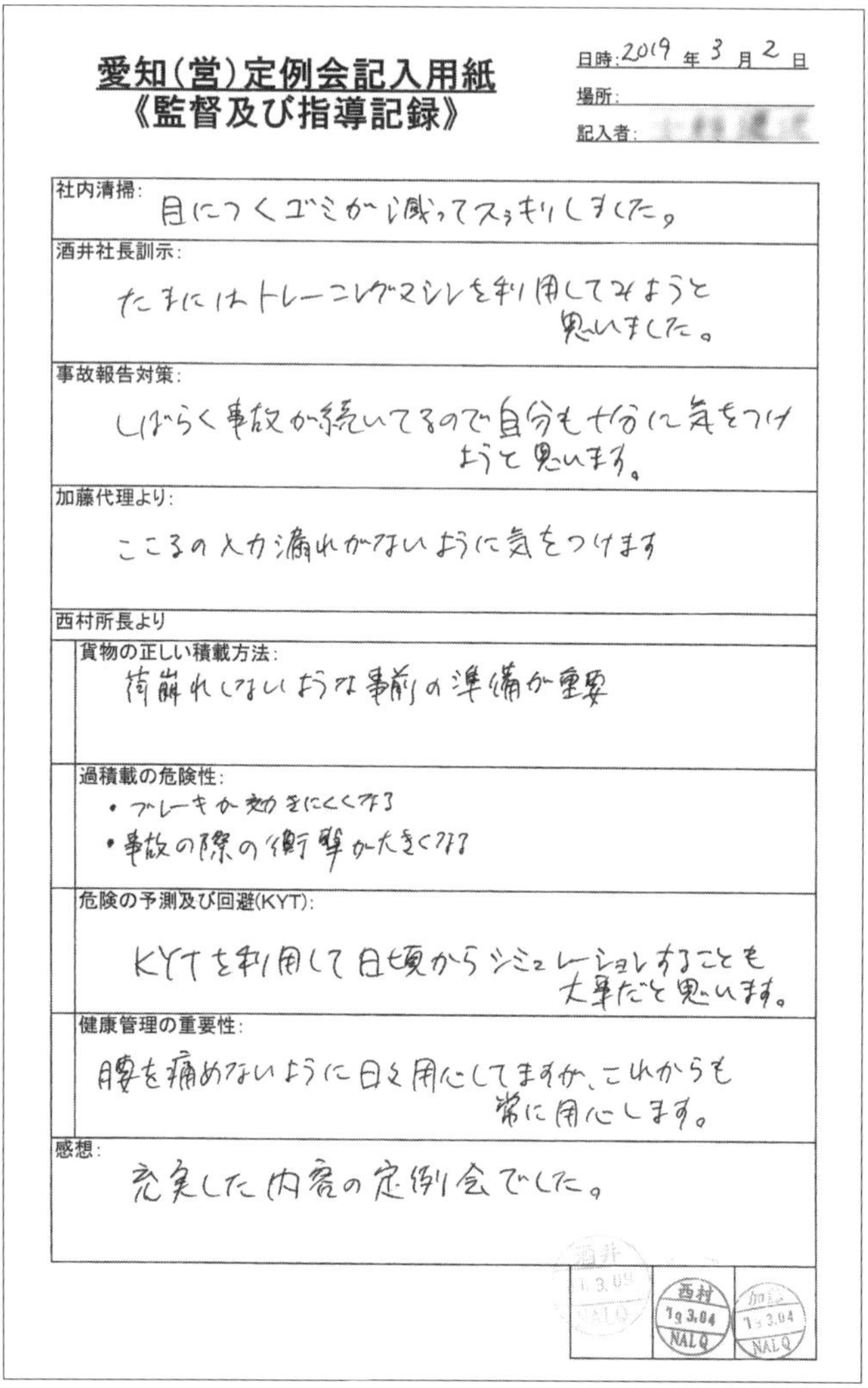

愛知（営）定例会記入用紙
《監督及び指導記録》

日時：2019年3月2日
場所：
記入者：

社内清掃：
目につくゴミが減ってスッキリしました。

酒井社長訓示：
たまにはトレーニングマシンを利用してみようと思いました。

事故報告対策：
しばらく事故が続いてるので自分も十分に気をつけようと思います。

加藤代理より：
こころの入力漏れがないように気をつけます

西村所長より

貨物の正しい積載方法：
荷崩れしないような事前の準備が重要

過積載の危険性：
・ブレーキが効きにくくなる
・事故の際の衝撃が大きくなる

危険の予測及び回避(KYT)：
KYTを利用して日頃からシミュレーションすることも大事だと思います。

健康管理の重要性：
腰を痛めないように日々用心してますが、これからも常に用心します。

感想：
充実した内容の定例会でした。

共感を呼ぶこととなり、行動を変えるきっかけとなります。

会社の歴史やエピソードも、意外と「聞きたい」「面白い」と思わせるもののようです。会社が歩んできた軌跡は印象に残りやすく、愛社精神の醸成にもつながります。特に失敗談や間抜けな話、あのできる男が昔はこんなだった……といった話は食いつきがいいようです。一度、模範的な行動ができるドライバーに「何がきっかけでそういう模範的な行動ができるようになったか」と聞いてみるとよいでしょう。

教育訓練は育成の場であるはずなのに、管理側にとって耳の痛い苦言を呈されることが少なくありません。集団教育は会社批判の格好の機会となりやすく、問題があるときほど構えてしまうものではありますが、即答しなくてはならないことばかりではありません。逆に即答は避け、宿題をもらうつもりで臨めばよいと思います。ある意味、ガス抜きの機会と割り切って、ドライバーの発言を恐れず取り組んでいきたいものです。

この繰り返しが、6割の人を上位の2割に押し上げ、問題の多い下位の2割を6割の層に引き入れる活動となるのです。結果的に、いい人材を辞めさせない一手となります。

COLUMN 5

ドライバーの仕事は「1話完結型」

『水戸黄門』というテレビ番組を知らない人はいないだろう。この1時間ドラマの人気の理由の一つが、「1話で話が完結する」ことだという。放映初期の頃は、2週（前編と後編）にわたって話が終わる形式を試したことがあったそうだ。しかし、視聴者から「2週続きの話では、前編の内容を覚えられない」「自分は高齢なので、後編を見る前に死んでしまったら悔いが残る」など完結型を望む意見が多く、「1話完結型」に落ち着いたようだ。毎日少しずつ話が展開し、続きが気になる朝の連続ドラマ小説とは異なる形式だ。

私はドライバーの仕事は「水戸黄門型」、運行管理者の仕事は「朝ドラ型」に例えられると考えている。ドライバーの仕事は一日または一運行がきちんと区切られ、キーを返納すれば完結する。これはドライバー職の大きな魅力だ。一方、運行管理者の仕事は長丁場な上、さまざまな問題が絡んで複雑だ。しかし、次に何が起こるかわからず、自分の裁量でいくらでも広がりを見せるドラマのような毎日にワクワクすることができれば、これほど魅力のある仕事はない。

小学校教諭である私の妻は、担任の任が解ける年度末に「やれやれ、無事に教え子たちを進級させられた」とホッとした表情を浮かべる。彼女の仕事完結の日だ。ある日、仕事の愚痴をこぼす私を見て、妻が私の仕事をこんな一言で表現した。「運送会社の社長の仕事って、モグラ叩きゲームみたい」。確かに、叩いても叩いても次から次へとさまざまな問題が出てくる。これからも、日々奔走し、終わりのないこのドラマを心底楽しんでいこうと思う。

6章

ドライバーが定着する会社の制度と対策

1 新人がいつかず、組織が高齢化する理由

人を採用する制度が整っても、すぐに人が辞めてしまい定着しなければ、組織の高齢化は進むばかりです。6章では、単に人が辞めないだけでなく、会社の戦力として実力を発揮する人材として「定着」させるための対策について述べていきます。

新人が定着せず、組織が高齢化するのには、次の二つの原因が考えられます。

①「わがままなベテラン」が、悪気はないにせよ、新人を排除しようとするから

居心地のよさから長年勤続してきたベテランが、新しい勢力を嫌う傾向があります。仕事が楽だから長く続いている一部のベテランは、割に合う仕事を手放したくありません。新しい勢力は会社にとって有用でも、わがままなベテランは、自分の利益を損なう邪魔な

存在と捉え、受け入れようとしないのです。

②新しい人材（若手）を教えるノウハウがない。または、教える人に問題があるから

入社3カ月の壁を越えさせることができない悪しき風土があることも否めません。当社では、入社3カ月の中で、入社2週目と4週目に**ヒアリングシート**を活用した面談を実施しています。主に、意識調査とミスマッチ退社防止を目的に行なっています（図12－1、図12－2）。

ヒアリングなどを通して、異質なものを受け入れる理解と協力する姿勢を促し、その上で「連携のある風土づくり」を実現できるようにしています。

言うのは簡単ですが、実行するのはなかなか難しいことです。具体的にどうすればよいのかを、事例と共にお伝えしていきます。

1万人を超える職場で、輸送の安全を担う若き管理者から「酒井さんはどうやって6名の荒くれ者組織を100名の組織に変えていったんですか？」という質問を受けました。私は、次の3つのポイントで答えました。

①4W

氏名	山田 太郎	年齢	44歳	入社日	1月20日
職種	倉庫作業員(フォークリフトオペ)	面談日	2月20日	面談者	田中

はなく期間満了となった(1年間勤務)

た」

そのGAPは今どう感じているか？ それ以外のGAPはあるか？	・前回の面談でA主任に対しての苦手意識についての発言があったが、それ以降はできるだけ意識して、ホウレンソウしている、とのこと。 ⇒ ただし7～80%程度で残りは、直接担当者に確認している。 ・前職担当者が「70箱/日はやっていた」ということを聞いていたが、達成することができてうれしかったとコメントしている。
そのGAPは今どう感じているか？ それ以外のGAPはあるか？	・現在は仕事が楽しくない、とのこと。 ⇒ 70箱/日ができるようになってきたが、最近では突発的に仕事の依頼があり(入庫作業やラベル貼付)70箱ができなく、未達成感が残る。 ⇒ 先日、梱包したパレットの4カ所のロックのうち3カ所が外れているのが発見され、A主任から厳しく指摘を受けた。
そのGAPは今どう感じているか？ それ以外のGAPはあるか？	

所感 対策	・指摘したことを実行に移している部分は見受けられる。相変わらずA主任に対してのコミュニケーションが課題ではあるようだが、繰り返しになるが信頼関係構築しかない点を話した(以前よりはホウレンソウできているようで成長は見られた)。 ・生産量が向上しているが、これ以上はメンバーと協力していくしかない点や、急遽の仕事も前日等に確認すれば段取りができる点等、結局上司とのコミュニケーションが鍵であるので地道にやるしかない、とアドバイス。 ・意外に仕事でしっかりと悩んでいるので、うまく指導できれば成長のきっかけになると思う。A主任は厳しい点等も意識してやってくれていると思うので、うまくコントロールしてほしい。

※GAP＝ギャップ（食い違い）

図12-1 新入社員ヒアリングシート・メモ

①2W

氏名	山田 太郎	年齢	44歳	入社日	1月20日
職種	倉庫作業員(フォークリフトオペ)	面談日	2月4日	面談者	田中

前職退職理由確認	前々職：株式会社〇〇造園土木・・・高いところでの作業が怖くなってきた 前職：株式会社〇〇・・・〇〇への期間従業員で2回更新があったが、3回目の更新
当社入社決定理由確認	・リフトという資格を活かせる仕事 ・ハローワークの情報提供で当社画像を閲覧して「感じがよかった」「明るい感じを受け

仕事 入社して感じたGAP ※よい点悪い点含め	・リフトマンで入社したが梱包作業も職務範囲で、結構広範囲な職務範囲だと感じた。 ・A主任とのコミュニケーションが苦手。 ⇒ 入社当初、業務上で確認した際に不機嫌そうに返答された、面倒くさそうに対応され、それ以来苦手意識がついた。 ⇒ ついついA主任を飛び越し、西村所長に確認してしまう。 ・今後、期待値としての出来高に到達できるか？ が不安。 ・Bさん(後輩)に対し、きちんと指示出しができていないと思う。
その他 入社して感じたGAP ※よい点悪い点含め	・意外に土曜日出勤が多く感じた。 ・Cさんと同学年であることがわかり、仲良くしていきたい、と思った。
プライベート 入社して感じたGAP ※よい点悪い点含め	・2年後に別居中の奥様・お子様と再度同居しようという計画になっている。

所感 対策	・A主任は直属の上司であり、ホウレンソウを実施していくしかない。 主任を飛ばしてD所長への相談はあまりよくない。ただし、どうしても難しい、厳しいと感じた際は気軽にD所長、Eまで相談するよう伝えた。コミュニケーションは信頼関係づくりからとも。 真面目に勤務すること、工夫して生産量(生産性)を地道に上げていくことで認めてもらうように持っていけれればいいと思う。 ・現在は奥様、お子様と再度同居することを目標に自身も頑張っていこう！ と、仕事に対し前向きである姿勢はいい。

①4W

氏名	今井 一郎	年齢	44歳	入社日	1月16日
職種	ドライバー	面談日	2月15日	面談者	田中

的な夜勤も頻発）
2休へ。奥様よりお子さんの面倒も見てほしいとの要望があった）

もそも不安定、港区勤務で今と変わらず等々の理由で最終的に当社へ

そのGAPは今どう感じているか？ それ以外のGAPはあるか？	・業務内容は段々わかってきた。 ⇒ 最近は自身が運転する機会も多く、実感値として理解できつつある。 ⇒ 水曜日･･･○○便、○○ペンダント、○○横持ち等に絞っているので、場所や何をすればいいか？ がわかってきている。 ・現在はまだ50%くらいの習得度（残りはまだスムーズに動けない）。 ・運転に関しては問題ないと思うが、リフトはまだまだである。 ・トヨタ系の伝票がある仕事は、現状が理解できてからにしてほしい。
そのGAPは今どう感じているか？ それ以外のGAPはあるか？	・同左
そのGAPは今どう感じているか？ それ以外のGAPはあるか？	・同左 ※収入よりも勤務形態（土日休みが中心）を転職の軸にしていたので、多少低くなることは問題ない。

所感 対策	・入社2週間については、経験者は横乗り中心よりは、空荷の時でもいいので運転技術についてのレクチャーなりスキルチェックなりのほうがいいと思う、とのことでした。 ・本人は頭で理解するタイプではなく、体で覚えるタイプなので余計に感じると思います。 ・現状は以前に比べ「何をすればいいのか？」が明確になっているので、前向きな発言が多いです。リフトも前向きに頑張ろうという姿勢を感じました。

図12-2　新入社員ヒアリングシート・メモ

①2W

氏名	今井 一郎	年齢	44歳	入社日	1月16日
職種	ドライバー	面談日	1月30日	面談者	田中

前職退職 理由確認	・勤務条件に不満（〇〇勤務であり通勤に時間がかかる、年末年始も関係なく 突発 ・家族の時間を増やしたい（3年ほど前は日曜日固定の休日であったが、3年前から4勤
当社入社 決定理由確認	・自宅から近い、休日が土日中心で大型連休もある ・以前から知っており親近感がある、他受験3社は船便会社で勤務が不定期、フリーでそ

仕事 入社して 感じたGAP ※よい点悪い点含め	・ドライバーで入社したはずなにの、シャフトのピッキング業務が多く、なぜ？ と思う。 ・週1回の〇〇便は面接やその後も言われており承知している。今回で3回目の横乗りで、ようやくわかってきた。 ・それ以外の便も、すべて覚えてほしいと言われているが、その対象があまりに多くてよくわからない。覚えるなら一つずつ着実に教えてほしい。 ⇒　あまりに多いと横乗りの時に、積荷に合わせたハンドリングやブレーキング等参考にできないと思う。
その他 入社して 感じたGAP ※よい点悪い点含め	・業務以外でのGAPは現在はあまり感じていない。
プライベート 入社して 感じたGAP ※よい点悪い点含め	・通勤時間が短くなり、いろいろなプレッシャーがなくなった(渋滞状況等)。 ・今のところ日曜日が休めるのは本当にうれしい。 （今までに比べ非常に家族との時間が多くて、まだ慣れないという贅沢な悩みもある）

所感 対策	・入社して独り立ちするまでの流れがわからず不安感を感じているため、担当してもらう仕事を明確にし、途中のOJTも実施する意義を説明することが必要ではないでしょうか？ ・できれば書面で一人前になるまでのプロセスが明示してあるといいと思います。 ・一人前までの期間を明確にし、本人の成長度合いに合わせ時期を調整すること、具体的な指導も絡め放置(もしくは本人が放置と感じること)にならないようにコミュニケーションが必要。 ・できればOJT担当者を選任するといいと思います。

①叶いそうにない壮大な目標を掲げた
②人材ピラミッドのうちグレーゾーンの6割をいいほうの2割へ引っ張り込む対策をした
③人が採れる時には未経験者を1人多めに採用した

以下、詳しく説明していきます。

①叶いそうにない壮大な目標を掲げた

安定と発展は大きな違いがあります。傍からは安定に見えても、当事者は地団駄しているようにしか感じておらず、一歩進めば一歩後退している状態がずっと続いている場合があります。経営数値だけ見ると安定しているように見えるのかもしれませんが、川の流れに逆らって進む小舟のような状態です。必死に漕いでいるのに、周りの風景が変わっていかないのです。

これは確固たるゴールを目指していないからなのかもしれません。私は28歳の時に社長を引き継いで、6名の社員の前で所信表明をしました。「100名の会社に成長させます」

と。この時は屈辱的な失笑を買いましたが、15年かけて実現しました。

ゴールを示すことで、組織は動き始め、地団駄もできなくなります。そのゴールは、叶いそうにないくらい壮大なものがいいと思います。この壮大なゴールを示すことで、会社が目指していく方向性が示されます。それについていけない人は、徐々に退いていくという弊害はありましたが、その代わりに入ってくる人材は、自然と新しく示した会社の方向性に賛同する人がほとんどでした。今まで寄ってこなかった人材群が入ってくるようになり、組織は若返り始めるはずです。

②人材ピラミッドのうちグレーゾーンの6割をいいほうの2割へ引っ張り込む対策をした

人材ピラミッドとは、5章6項でも述べたように、従業員全体を見た時、手をかけなくてもグングン成長する2割、問題児2割、どちらでもない6割に分かれるというものです。この人材ピラミッドのうち、どちらでもないグレーゾーンの6割を、いかに成長する2割に引っ張り込むかを常に考え、さまざまな方策を練り、実行してきました。

問題児は排除しても、必ずと言っていいほど、新しく出てきます。しかし、いい人材の2割は発掘しなくては自然発生しません。特に、発展していない地団駄を踏んでいるよう

図13　人材ピラミッドの6割を成長する2割に引き上げる

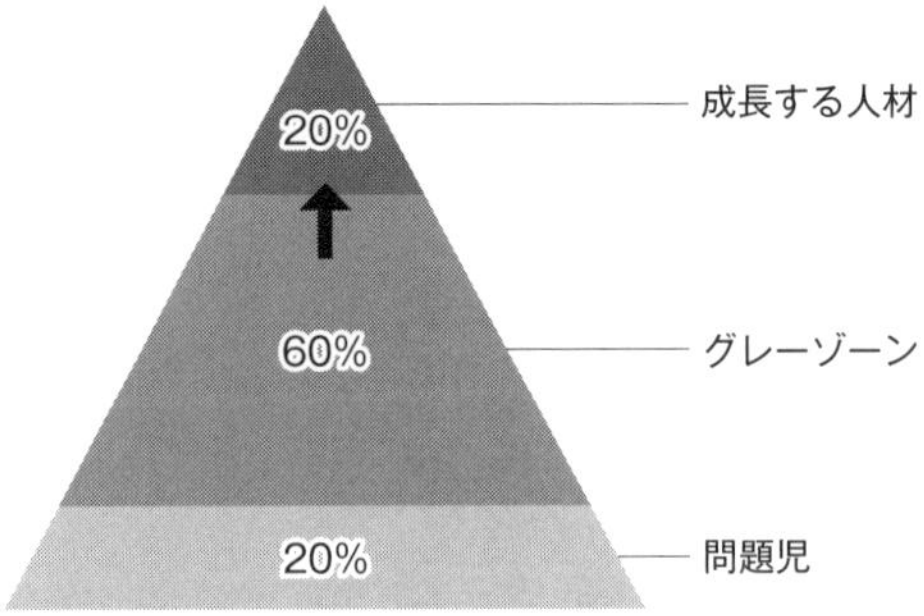

な時には発掘されにくく、知らぬ間に逃げられていることが多いものです。

何らかのアクションを起こさないと、いい人材の発掘は難しいと感じています。具体的には、明確な評価基準を示すこと、表彰基準を作ること、組織をチーム化すること、社外に学ばせに出すこと、給与規定を変えることなどです。これらのアクションによって6割のグレーゾーンの人材が活性化すると考えます。

グレーゾーンが活発化すると、トップレベルの2割が刺激を受け出し、さらにグレーゾーンを引っ張り上げ始めます。何をどのようにしても動きのない人材もいますが、ここは問題児化させないことが重要ポイントです。

③人が採れる時には未経験者を1人多めに採用した

人手が足りている時でも突如、応募が増える瞬間があります。そんな時は躊躇なく、1名でもいいので余分に採用すべきです。できれば、その余剰人員は未経験者をお勧めします。即戦力を入れると、残ってほしい人材が去っていくきっかけを作ってしまう。未経験者を入れると、組織が活性化して、強く、大きな組織に成長していく。これが私の経験から得た持論です。

まずは、即戦力を増員した際に起きがちな現象から示していきます。「人が増えること=自分の仕事が減らされること」と、瞬時に連想するドライバーがいます。特にベテランに多いように感じますが、彼らの「忙しくてヘトヘトだ！　なんとかしてくれ」という言葉をまともに信じてはいけません。そのような言葉の裏には、本音があります。「認めてほしい」「評価して待遇を上げてほしい」という本音です。

働き方改革が進む昨今、経営者は対策として、残業や休日出勤を抑制しようと、増員をもくろみます。しかし、働く側からの見方は全く異なります。例えば、10名でなんとかギリギリ運行が回っている状態の時に、1名を増員して11名となった場合、特に即戦力の増員だった場合には、自分の仕事=収入が1割減らされそうだと捉えてしまうのです。

また、戦力が整ったことを確認して、「今なら、お客様や仲間や会社に迷惑はかけない」と既存の戦力が退職してしまう。しかも、比較的質のよいドライバーが去っていく。慰留できたとしても、就労条件を上げることになったり、または辞めると言えば条件がよくなると勘違いする社員を作り上げてしまうだけです。

未経験者をお勧めする理由は、二つあります。一つは、組織を再編する際に、未経験者は即戦力にはなりえないため、前出のような退職者が出にくいという点で、じっくりと体制強化に取り組めることです。もう一つが、未経験者は固定観念にとらわれず、会社の色に染めやすいことです。未経験者でないと、最初に身につけたやり方や考え方がなかなか消去できず、かえって手がかかることも多いようです。

結論として、ドライバーが定着するためには、未経験者を積極的に取り込んでいくことが有効ということです。一見、コストや手間がかかるように見えますが、ソフトトランニングで組織を増強していけば、必ず成果につながります。

2 小さな約束を積み上げる上長と大きな約束をこなす社長

当社には4つの行動指針「プロの技術、品質重視、安全第一、約束を守る」があります。中でも「約束を守る」は、過去の痛い過ちを繰り返さないために、後から加えた指針です。

我々の業界に限ったことではありませんが、交通規則を守る、配達指定時間を守る、工場や建設現場などへの出入りでは、さまざまなローカルルールを守らなくてはなりません。残念なことですが、こうした約束をきちんと守る人と大雑把にしか守れない人との差が大きいのが現状です。

その原因は、上司の監視下ではない路上に出て業務をこなすドライバーの「裁量」にあります。簡単に言えば、見られていないところでは「手抜き」がいくらでもできるということです。それでもデジタルタコメーターやドライブレコーダーの普及により、多少は改善されましたが、まだまだ裁量の部分は多いのです。

例えば、「駐車中は必ず輪止めをする」という約束。これが徹底できないという嘆きを多くの同業社長から聞きました。ある社長は「徹底できないのはドライバーだけに指示しているからだ。社長をはじめ、役員、営業マン、事務職全員が乗用車にも輪止めをすることにした」と聞かせてくださいました。

「なぜ約束が守られないか」に対する答えは、企業の風土が原因だということです。平たく言えば、「守らなくてもいいんじゃない」という風潮ができ上がってしまっているのです。これはとても厄介な問題です。この「守らなくてもいいんじゃない」という思いは、ドライバーの定着に大きく影響してくるからです。

ドライバーの定着率のよい事業者には2パターンあります。

一つは、とにかくドライバーを縛らず、点呼や運行前点検も自主判断。トラックは荷主の構内に止めて帰宅するので、会社には時折出向く程度であるため、上長からの適切な運行管理もなされず、ほぼ自主判断の中での運行業務が長年行なわれている、各地で実在する事業者です。こういった会社のドライバーの定着はよいものです。しかし、コンプライアンスは遵守されず、多くの違反行為があっても表に出ていないだけの状態です。当然、事故が起きれば重大化する傾向があります。少数派ではあるものの、ある意味ブラック企業と言えるかもしれません。

一方、もう一つのパターンは、点呼も運行前点検もしっかり行ない、コンプライアンスは徹底して遵守する姿勢を持ち、この姿勢を維持するために徹底したコスト管理をしている事業者です。一見、窮屈な会社ですが、潔癖性や透明性や将来性を重視する働き手にとっては、安心して働ける職場となり、ホワイト企業として定着率が高まっています。

ただし、この二つのパターンは共に極端なもので、現実的には、いわゆる「グレーゾーン」に属している事業が大半ではないでしょうか？ このグレーゾーンの中でいかにホワイト企業に近付けるかが大きなポイントです。

当社は1999年に、品質のよいホワイト企業に近付けるために、ISO9000（品質保証マネジメント）を認証取得しようと動き始め、1年後の2000年5月にISO9002を取得できました。ISOは、当時は同業者の中でも大手を中心に認証取得しており、まだ今ほどメジャーなものではなかったので、中小零細企業である当社が従業員にまでＩＳＯ取得の目的や効果を理解させるのはとても困難でした。

それでも、なぜ私がこの認証取得を目指したかというと、約束事を作って、仕組みで守らせる文化を醸成したかったからです。もちろん、そこまでの時間と費用と手間をかけなくてもできることなのかもしれませんが、「いずれは大手荷主との取引に必須となる」という予測もあり、実施しました。

当事、自社の悪い風土としてあったのが「約束が守れない会社」というものでした。この悪しき風土は大きなロスを生み続けます。真っ先に取り組まなくてはならない喫緊の課題でした。

例えば、まだ社内に給油設備がなかった頃、帰庫する時は翌日の運行に支障が出ないように燃料の残量を見て、3分の1以下なら給油して帰庫するように管理者が指導していましたが、持ち車制ではないために、自分が明日乗るかわからないような車両に給油などしてこないドライバーが数人いたのです。当然、翌日長距離輸送を燃料残量がない車両で行なうことになったドライバーは「誰だ？　昨日乗った奴は」と血相を変えて管理者に噛みついてきます。これは人間関係が悪化することはもちろん、給油による時間のロス、最終的には目的地への到着時間の遅れにもつながっていきました。

この件について、給油をしてこなかったドライバーと管理者が言い争いをしましたが、「約束を守らない管理者にはそんな説教されたくない」と開き直られる始末です。確かに、その管理者はドライバーから「玉切れして替えたら、玉の残りが0になった。買い足しておいてよ」と言われていたのをすっかり忘れ、次に玉切れした車両の保全ができず、やむなくスタンドまで整備不良状態で運行させてしまった失敗が何度もありました。

例え些細なことでも、こうした「裏切り」がドライバーの心を閉ざしてしまうのです。管理者は信頼の積み上げが重要です。信頼関係を築ける実行しやすい約束の例としては、車両整備に関する頼まれごと、地図を書いておく（ネットで地図を調べておく）、納品先の担当者に事前願いの電話をしておく、直には言いにくいだろう同僚への苦言を伝える、調べごと全般などがあります。

ドライバーは約束を反故されたことに根を持つ人間が少なからずいます。そのような人は純粋で、大きな失望を体験した者であることもしばしばです。安易な約束は控え、約束した時は素早く誠実な対応を重ねることが肝要です。一度では信用してくれないので、やはり積み重ねが大事です。

一方、ドライバーが定着する会社づくりの中で、経営トップの役割とは、大きな経営判断を実施して、ドライバーとの約束を守ることだと私は思うのです。トップの過去の発言を自分にとって都合のよいことだけをかいつまんで主張してくるドライバーが多いのも否定できませんが、それでも「約束をし、果たすこと」は健全な信頼関係を育むためのトップの大切な役目です。

小さな約束は普段から管理職が積み重ねていき、トップは「中期経営計画」や「事業展望」など思いを込めた大きな約束をして、着実に実現していくということがいい組織を作り、いい人材の定着につながると信じています。

なお、安易に約束すべきではない内容として、賃金に関すること、待遇改善に関すること、荷主の対応を批判するドライバーからの要望、長期休暇などの申し出などが挙げられます。簡単に実現できない約束はしないことです。

3 小さな組織に有効な社長による家庭巡回

規模にして30人前後の小さなドライバー集団の会社は、さまざまな問題や課題がうごめいている成長ステージにあるのではないかと想像します。

30人規模というと、経営者は従業員のフルネームを漢字で正確に書け、誕生日から家族構成、趣味や癖、人となりまで把握できる所帯規模です。だからこそ、いろいろな問題が明るみに出ます。アットホームと言えば聞こえはいいですが、知りすぎることで、つい個人問題に足を突っ込んでしまうケースも増えてしまいます。家族以上に過ごす時間が多いのが職場仲間ですから当然かもしれません。

当社も2000年くらいが、そのような状態の会社でした。誤解を恐れずに書くなら、「知らないほうが、かえってうまくいくことが多い」ことを理解できる経験になったこともあり、今思えば30人規模が一番大変だったなという印象です。現在、当社には、営業所単位で言えば、5人、10人、30人、40人と、さまざまな規模で7カ所ありますので、これまでの教訓が活かせています。

一番効果が長く続き、私自身の勉強にもなったのが、ドライバーをはじめとする**社員の家庭巡回**です。実際にご自宅に上がり込むわけではありません。私が社員の自宅の至近まで出向き、お酒が飲める者であれば社員が勧める居酒屋、飲めない者であればランチや夕食を共にさせてもらいました。

そうすると、場が和んできますので、社員が自発的に奥さんやお子さんを呼ぶなど、家族や親しい仲間を集めて、談笑しました。現在は幹部社員として長年頑張ってくれている者も、その当時のことを後輩社員に語り継いでいるようです。

この取り組みは、本人を含め、家族にとって印象に残る活動となるため、有効だったと結論付けています。社員と奥さんの力関係までも理解できたり、独身者であれば、生活レベルや生活ぶりが見えることも、さまざまな予防（食生活など健康面への配慮、反社会的関係を回避する指導、睡眠環境など）につながりました。会社ではできなかった話（親御さんとの関係や親族問題）もでき、人物を把握できた点で有効でした。

このアクションの効果としては、**①意思疎通がスムースとなり、団結力が増した、②家族の理解が得られるようになった、③離職者が激減した、④実際に業績が大きく好転した**といったことが挙げられます。

逆にやりにくくなった点もあります。家庭の事情が深く理解できたことで、仕事を頼みづらくなったり、家族や奥様から直接、悩みの電話が入るなど、大変なことも増えました。

レストランを夫婦二人三脚で営みながら3人の子供を育て、順風満帆だった人生が突如歯車が狂い始め、廃業とともに当社にドライバーとして入社してきたLさんがいました。家庭巡回の際、開業時の苦労話や奥様の献身、子供のためにも奮起したいとの話をこんこんと聞かされました。15年務めたのちに退職していきましたが、子供の非行、離婚、家族離散、事故と転落人生を救ってやれずじまいでした。知りすぎているからこそ、厳しい言葉が言えないもどかしさも感じていました。

結論としては、知りすぎない範囲で「職場仲間」「上司と部下」「社会的通念を通じての人間関係」を程よい距離感を保ちつつ、会社側、働く側の双方がなくてはならない存在になる関係づくりが、人が定着する会社の秘訣ではないでしょうか。

4 新発想の退職金制度

中小企業退職金共済に加入する会社は多いですが、当社では、**月の掛け金の増減を評価制度に連動させる制度**を導入して10年になります。

この制度で目に見えた成果としては、一時金で支払うべき報償（トラックドライバー・コンテストやフォークリフト運転競技大会での好成績など）の「分割払い」という考え方を伝えたことです。結果として、長く働くほど有利になるという発想を持たせることができ、優秀な社員ほど定着度が上がっていく制度です。

超高齢社会になり年金制度等に不安を持つドライバーも増えているため、退職金は多いに越したことはない、という考えも持ち始めているのではないでしょうか。以前は、「ボーナスも退職金もなくていいので、すべて月収でもらいたい」というドライバーが大半だったように思います。

現在は賞与も含めて算定されていますが、社会保険の算定基礎額が月収のみを基準に定められていた頃は、月収を上げることは会社にとって不利なものでした。生涯年収という発想で説得しても、理解が得られなかった時代がありましたが、時代の変化や意識の変化もあってか、確実に反応は変わってきています。

「**いかに気持ちよく、長く働いてもらうか**」という命題に効果が出る労働対価の支払い方については、どんどん発想を広げていくべきだと確信しています。今後の展開への発案として、貢献利益との連動型の退職金制度や、定年時と延長再雇用期間に対する退職金との2段構えの制度、退職金を基盤とした貸付制度（子育て支援や介護支援に限定）などが考えられます。

平成に入って間もない頃は、退職金の話を採用時に説明することなどありませんでした。しかし、平成が終わって令和に突入した現在は、採用時にキャリアプランや定年、再雇用制度、退職金制度について触れないなどということはなくなりました。先行きが不透明な時代だからこそ、将来に向けた会社の制度づくりの第一歩を、退職金制度の見直しから始めてみてはいかがでしょうか。

5 免許取得助成制度と社内事故保険による支援策

当社では、免許取得費用を無利子貸し付け後、大型自動車10年間勤続、フォークリフト3年間勤続で返済を免除する制度をすでに10年以上継続してきています。これまで費用を返済せずに去っていった者は大型自動車免許を取得させた、わずか1名のみです。

免許取得を勧める際に「費用はかかるが、資格は邪魔にはならない。費用は貸し付けるが、期間が満了すれば返済は免除する制度に実績がある」と説明してきました。実際には、資格取得すれば実収入も増えるので、仮に取得費用を返済する必要が生じてもマイナスになることは少ないことも伝えます。

会社側にとっての免許取得のメリットは、**再教育の機会**になることです。普通運転免許を取得して、数年または十数年経っている者にとっては、我流の運転を矯正するよい機会になるというわけです。我流を押し通せば免許取得は遠のくばかりですので、直すことを余儀なくされます。

次に、社内保険制度です。これも20年近い実績があります。制度制定までは、事故を起こしたドライバーへの救済措置はありませんでした。例えば、接触事故を起こせば、相手の車両などは損害保険で賠償できます。しかし、自社車両の修理修繕の費用は高額な車両保険にでも加入していない限り、賄えません。

かといって、たとえ半分でも惹起者のドライバーに負担を求めれば、辞めてしまうか、生活そのものに大きな負荷を与えかねません。そこで考案したのが、**社内保険制度**です。事故発生時の個人負担分未払い回避、ドライバーの「救済」と会社側のリスクヘッジが目的です。もし事故を発生させた場合、過失割合で最高50％の自己負担が課せられても、その賠償額の20％までを負担するだけでよい制度で、要するに30％分免除されるというものです。

会社側のメリットは、事故を起こして賠償を拒絶し、そのドライバーが会社を去っていった場合に、全額負担にならないことです。また、ドライバー側のメリットは無事故で1年過ごせた場合、年末に掛け金に若干の利息がついて、物入りな時期に現金で戻ってくるというところです。年末に定期預金が満期になるイメージで社内保険を作りました。

利息も市況より得になるように設定しています。月額4000円の社内保険の未加入者はほぼいないという状況が続いています。

6 チームを意図的に作る

チームづくりができている会社（営業所）は事故もなく、ドライバーの定着度も高い傾向が明らかにあります。その理由としていくつかのことが考えられます。

ドライバーを志願する方々の多くが「煩わしさ」を好まない傾向が強いように感じます。ある上場企業の同業者は一年に一度「演劇会」を行なう伝統があり、チームで練習するそうです。「チームで目標を目指そう！」「チームで出し物を考えて発表しよう」といったことが煩わしいと思うドライバーは去ってしまうということも聞きました。しかし、残った人たちの団結力や忠誠心、愛社精神はよい方向に向くのでしょう。

また、20名程度のアットホームな規模のある同業者は、5名1チームに編成して、地域の清掃活動を長年行なっているそうです。お金を稼ぐことが目的ではないボランティア活動をチームで行なうことで、「なぜ働くのか？」という大命題についてチームで少しずつ気づき、そして理解するための活動として機能しているように感じます。

私は、運送業では「最大30名までがチームとして機能する」と信じて、事業活動をやってきました。しかし、小集団活動という点では、5名くらいのほうが効果は出しやすいのかもしれません。

部署や営業所をチームと見立てるならば、やはり30名までがよいと考えます。どんなに聡明かつ有能なリーダーでも、30名を超えるとマネジメント能力が発揮しづらくなります。働く場所も時間帯も担当荷主もバラバラな組織を束ねていくには限界があります。そのような場合は、例えば5名6チームに組織し、チームリーダーが統括リーダーにうまくマネジメントされていれば、なおよい組織が編成できるのではないでしょうか。

チームワークは自然には生まれにくいものですが、**コミュニケーションの場所を作る**ことで実現できます。これが、前出の演劇会やボランティアという位置付けになります。

当社の場合は、「ドラコン（トラックドライバー・コンテスト）チーム」「リフコン（フォークリフト運転競技大会）チーム」「女子事務員チーム」「管理職チーム」の4つが機能しています。

ＳＮＳが発達している昨今ですので、同じ目的を持つ者たちにきっかけを与えれば、つながっていきます。きっかけづくりが祝勝会であり、練習会（合宿）であり、集合研修であり、営業所別実績発表会（中期経営計画策定会議など）です。

管理職チームはFacebookをツールとしてつながっています。ルールは一日に1投稿以上、事故報告は6時間以内、新入社員入社、新車購入、危険箇所の共有や社外競技会の成績やトラック協会の行事参加の報告、ほしいものや不要物を提示し合い、融通し合っているようです。

我々のような業界に入ってくる者は、結構「さみしがり屋」「かまってもらいたがり」のように思います。仲間同士がゆるやかにつながるきっかけや、少しでも豊かな暮らしができるようになるための「自己管理ツール」として提供することが、採用後のミスマッチ防止、スムーズな育成、定着率のよさにもつながります。このような取り組みこそ、事業主の役目なのかもしれません。

COLUMN 6

母の安全遺言

あなたのおふくろの味は何だろうか？　私には二つある。

私の生家はレスリングの強豪、至学館大学（愛知県大府市）に程近い、コーヒーのおいしい小さな喫茶店だ。毎朝、店主である母が淹れるコーヒーの香りで目覚めたものだ。

コーヒーの香り以上に、その旨味に引かれたのは20歳すぎのこと。今でもコーヒーは豆から本格的に淹れる。直前に豆を挽き、淹れる湯の温度は85℃。旨味が奪われないよう、あらかじめフィルターを湿らせておく。最初に熱湯で粉を蒸す30秒が、おいしいコーヒーを淹れるおふくろ秘伝のコツだ。時折、コーヒーを淹れながら幼少の頃の思いに浸る。

もう一つは、10歳の頃の思い出の味だ。陸上部の練習を終えた私は食べ盛り。しかし、夕刻の母は、軽食のオーダーにてんてこ舞い。お客さんのオーダーを余分に作ったものが私の夕食だった。ある日、私は母にカンシャクを起こしてしまう。「たまには俺のためにご飯を作ってくれ」と。

翌週の日曜の朝、炊きたてのご飯の香りで目が覚めた。食卓には炊きたてのご飯、大根と茄子の具が満タンの味噌汁、目玉焼きが並んでいた。豪華ではないが、母渾身の手作りメシだった。

10年前、すい臓ガンで他界した母の最後の助言は、「絶対に事故を起こさない、起こさせないという強い気持ちを持った経営者でいてほしい」であった。その翌日に息を引き取った母を思い、私は残されたレシピをもとに何度もチャレンジした。でも、あの大根と茄子の味噌汁の味だけは未だに再現できていない。せめて、無事故無災害は強い信念で成し遂げたい。

7章

高齢ドライバーの最大活用方法

1 ベテラン高齢社員による徹底した点呼体制の確立

若手の採用により、若返りが進んでいる当社ではありますが、この先、長い目で見ていくと、同時施策として高齢者の戦力化にも取り組んでいく必要性を感じています。7章では、幅広い年代層が共に気持ちよく働ける体制づくりや、高齢者雇用について述べていきます。ここでは、便宜的に20・30代を若者、40代までの者を一般、50代を高年齢、60代を高齢、勤続10年程度以上の者をベテランと呼ぶことにします。

24時間営業のコンビニをはじめとする小売店や飲食店の増加により、国民の生活の幅は広がりを見せ、また、無店舗販売においても外資系のサイトを中心にほしいものが即日手元に届く配送システムも整っています。

しかし、少子高齢化が進む中、これらのサービスレベルが同じようなコスト水準で維持できるのでしょうか？　ますます深刻となる高齢化社会を維持するためには、高齢労働者が経済活動の牽引の一つとして機能しなくてはならないと考えます。

運行管理上のコンプライアンス遵守について、現場レベルの話で言うと、24時間体制の点呼の継続が困難となっています。特に、夜間の点呼がネックとなりつつあります。今までは管理職が交代制で行なうことが多かったのですが、人手不足により、ドライバー職も時に兼務する状況で、管理職に夜間点呼を義務付ける体制には無理が生じてきています。ある同業者においては、社長の奥さんが毎日家事を終えてから、夜間の点呼を担当しているという話を聞いたこともあります。コンプライアンスの遵守に対する強い思いと、夜間に帰庫・出庫するドライバーへの深い部下愛を感じ取れ、頭が下がりました。

しかし、こういった事例はごく稀です。多くの場合は、夜間点呼は記録があるが実態がないか、経営者を含めた管理者が死に物狂いで死守しているかが、中小零細事業者の実態ではないでしょうか。それでも追い打ちをかけるごとく、ドライバー不足と拘束時間について労基署から指導が入り、夜間点呼要員であった管理職がドライバーとして現場に出ざるをえない状況が、当社に限らずますます増えているのです。

これは頭の痛い問題です。その対策として、数年前から定年退職者を再雇用して夜間点呼要員として雇い入れていると話す経営者が増えている印象はありました。しかし、スタンダードとはまだまだ言えないのが現状ではないでしょうか。これをいかにスタンダードにするかが、徹底した点呼体制が築けるかの大きなカギになると確信しています。

その理由として、若い管理職が運行や夜間点呼業務からの過労で疲弊する姿を見せれば、後任は出てきづらくなります。特に、優秀ドライバーからの管理職抜擢に支障をきたし、ますます管理体制が脆弱となって大きな事故を誘発すると考えるからです。

加えて、高齢者の目線での点呼は、健康面への配慮や安全に対する注意喚起、声掛けの穏やかさがあり、質の高い点呼実施を期待できます。現に2018年の10月より、当社でも週2回の高齢の点呼者（63歳勤続13年のベテラン）がデビューし、夜間の帰庫・出庫ドライバーから高い評価を得ています。ベテラン点呼の安定感・安心感の他、困ったことを打ち明ければ、上司や荷主にうまく調整を図ってくれる、気の利かせ方が絶妙である、などの声がありました。

本項では、点呼体制の確立という視点から高齢者の有効活用を提案しましたが、もちろん可能性の一つでしかありません。この後の項で、順次紹介していきます。

2 技術伝承を見える化する方法

ここでは、未経験ドライバーをこれまでうまく育ててきた私の自負が引き起こした失敗事例から得た教訓をお伝えします。

半年ほど前、数十年ぶりに高校時代の級友から突然連絡があり、「今、合宿教習所に大型トラックの免許を取りに来ている。免許取得できたら、業界の話が詳しく聞きたい」とのことでしたので、断る理由もなく、彼を招きました。

彼はＭＲ（医療情報担当者）として製薬会社で活躍していましたが、高所得を得てきた外資系の製薬会社からリストラされました。改築したばかりの家のローンを作ってしまった矢先だったため、転職候補で落ち着いたのが手っ取り早い「トラックドライバー」ということでした。私も家族の事情により一般の人よりは病院や薬剤の知識があるのですが、彼の専門的で幅広い知識は同じ世代を生きてきた社会人として素直に尊敬できましたし、転職を決意した理由もうなずけました。「ノルマから解放される仕事を少しでも長く続けたい」ということでした。トラックドライバーという選択は間違っていないと納得しました。

運動神経抜群でこだわり屋という高校時代のイメージがあったので、運転業務をプロの技術として極めるなら、大手よりむしろ当社のような中小のほうがいいのではないかと感じ、入社を勧めたのです。彼は大手志向だったのと、自宅から勤務が近い範囲という条件だということで、かなり悩んだようですが、結局、当社の教育システムに信頼を感じてもらい、入社が決まりました。

ドラコン全国優勝者を教育担当に置き、導入教育が始まりましたが、彼は完全な「問題児」となっていました。これは本人も自覚していました。「フォークリフトの作業が怖くて手が動かない」というのです。彼のこだわりが災いしていたようです。

また、毎日のように乗用車を営業車として運転してきた彼にとっても、大型トラックの操作は全く別物だったようです。運転にはそれなりの自信があったのだと思いますが、「あのスポーツ万能だった彼が、そこまで不器用だったとは」と思うほど、教育担当に大変な苦労と手間をかけさせてしまいました。50代から始める異業種の「壁」が思った以上に高いことを学びました。50代から全く違う業種の仕事を覚える難航度は、想像を超えます。かなりの荒療法で、入社3カ月目にしてやっと独り立ちの目途が立ちました。荒療法とは、急きょ一人で運行に行ってもらうことになったと宣言して、実は別車で追尾しながら品質チェックをし、どうしても周囲に迷惑がかかるところで手を貸すという方法です。

徐々にそのようなフォローも省いていき、それに伴い、自信がついた表情に変わっていき、名実ともに独り立ちできるようになりました。自信がついてきた顔つきでしたので、安心していました。しかし、彼は独り立ちした1カ月後に辞めていきました。我々では許容範囲の荒療法も、彼にはシコリとして消えなかったのが退職の真因のようです。

このエピソードのような事例は、今後、稀なことではなくなるかもしれません。今回の一連の出来事から、高年齢からの転職者を戦力化するノウハウは必須になると確信しています。

「この俺にできないはずはない」「教え方が悪い」「俺のやりたいようにさせてほしい」といった考えの高年齢ドライバーを雇用していくには、教える側も「技術伝承」がうまくいかない原因を探っていく必要があります。ここを明らかにしないと、今後、高年齢転職者の戦力化に関する課題解決のノウハウ化ができません。

例えば、以下のようなポイントが挙げられるでしょう。

①訓練期間は長めに言わない

3カ月の試用期間を教育訓練期間と勘違いされることもあります。訓練期間は少し短く感じるくらいがちょうどいいでしょう。人によるとは思いますが、訓練期間が長いと安心しすぎてしまう傾向があると感じました。見切り発車はできないので、期間で完全に区切ることはありませんが、若手のように少しでも早く独り立ちして稼ぎたいというモチベーションは少ないことも要因でしょう。

②年下の教育担当に甘えが起こりやすいので、初動が肝心

教えてもらうことに甘える傾向がある場合は、注意が必要です。「未経験者なんだから、教えてもらわなくては困る」では人間関係もうまくいかなくなります。教えていただくという謙虚さがあって初めて教育訓練は好転していくものです。ここは会社側の責任において心構えを備えさせなくてはなりません。

③マニュアルと実践を同時にさせる配慮が不可欠

教えられた事項をまめにメモして几帳面さを発揮しても、実際にできなければ意味がありません。例えば、「フォークリフトの爪は水平にしてからパレットに差し込む」とメモには書き留めても、水平にできなくては意味がありません。「今、書き留めたこと、さぁやってみましょうか！」とすぐに再現させることが重要です。

簡単なことが意外とやれないというのが高齢化の典型的な現象です。やれない自分に落胆する姿は気の毒ですが、仕方ありません。できるまで付き合うしかありません。若手の3倍の時間と手間がかかっても不思議ではありません。「簡単にやれそうだけど、実際やってみるのは大変なことですよ」と諭しながら、自信をつけさせないと、取り返しのつかない自信喪失を招いてしまい、それまでの労力と時間と支払賃金が水の泡となってしまいます。

④適正は早期に見極めるべき

現場を甘く見るか、過度に恐怖心を持つのかなど、ドライバーとしての適正は、早期に適性を見極めなくてはなりません。50代で始めたゴルフでシングルまで上達する人もいれば、どんないいコーチや道具を揃え、努力を惜しまなくても進歩しない人もいます。私は安全確認がしっかりできる高齢ドライバーはセンスがあると判断してもよいと思います。確認もせずに「経験値があるから」「勘が頼り」「たまたま忘れた」といった言い訳には耳を貸しません。

⑤教えた通りにやらない態度には経営陣も厳しく対応する

歳を重ねれば頑固になりやすいものです。何度同じことを注意しても、我を通そうとします。教育担当が歳下だとより顕著です。そういった態度を経営陣ははっきりと否定しなくてはなりません。「あなたが間違っている。我を通したいなら、他を探すべきだ」ときっぱりと忠告すべきです。

50代以降の未経験ドライバーを受け入れるには、どうも「別個のノウハウ」が必要であるようです。この「別個のノウハウ」を確立する中で最大の難関は、認めることと否定することのバランスだと思います。私もその世代ですが、否定されることをしばらくされていないので、否定されてしまうとひどく落ち込みます。かといって、褒めてもらうなどの認めてもらうことには逆に謙虚さがなくなっていますので、社交辞令もまともに信じてしまいます。よって簡単に勘違いしてしまうのです。若い教育担当者は、年長者に気遣いを持って接する姿勢と、年長者に勘違いをうまく気づかせてあげるスキルが必要となるでしょう。

そうした場合、人生の先輩でもある年長者に対して、教える側が敬意を払って接するスキルを持ち、その上で正しい方向に導かなくてはなりません。「教える」というよりも、「気づいてもらう」スキルです。

中でも、本人が思っている以上の「衰え」については、会社として気づいてもらうべきことの一つです。以前は普通にできた、やれたことが思い通りにできなくなっていることを気づかせつつ、自信を完全に失わせないという高度なスキルが要求されます。

3 高齢ドライバーの職歴を再検証しよう

高齢者は、どんな仕事の経験があるかを、自分からは言いたがらない人が多いように思います。「今さら過去のことは……」。昔取ったきねづかで、錆びてしまって使えません」と謙遜されます。

以前、定年して20年経ったという元鍛冶職人がパートで使ってくれとやってきました。履歴書は達筆すぎてよく読めませんでしたが、底力のありそうな方だったので雇い入れました。結果から言うと、7年間も頑張ってくれました。一番助かったのが、溶接の名人技です。手を休めず、いつもニコニコ笑顔、恵比寿さまのような人でした。「社長、人生いろいろだよ。悪いことの後にはいいことが待ってるから、早く忘れたほうがいいことが早く来るよ」とよく励まされました。

最後の出勤日には、お互い目に涙を浮かべて、手を大きく振って別れました。「俺、もう体力の限界だから、社長に迷惑かける前に身を引くわ」が最後に交わした言葉でした。大泣きした顔が忘れられません。本当に謙虚で懐の深い人でした。

逆のケースもあります。素晴らしい経歴書をもとに雄弁に経験談を語られ、幅広い知識と人脈をひけらかすのです。自身の過去の栄光を熱弁され、つい期待して雇ってしまうのですが、大変なお荷物となってしまうケースも何度も経験してきました。そういった過去の栄光にあぐらをかく人物は珍しくありませんが、衰えに対する自覚と謙虚さがない人は大抵、力が発揮されずじまいで退社していきます。

「素晴らしいご実績と我々へのご提案内容はわかりました。しかし、今後の結果だけで評価させていただきたいと考えますが、よろしいでしょうか？」と心を鬼にして伺うようにしています。新たに生み出される価値以外の過去の産物にはメリットは見いだせないのが中小企業です。

また、50代前後、ビジネス人生半ばで転職してくる人材もいます。この場合は、「なぜ、転職するか」が大事です。違法行為など道徳上の問題や健康上の問題でなければ、最大限活用することを考えるべきだと思います。

年齢にかかわらず、未経験者として入社してくるドライバーには、驚くほどの経歴を持ち、見過ごすのはもったいないと感じる人も多いです。整備士や生産管理マネジャー、接客のプロ、紳士服店の店員、プログラマーなどさまざまなキャリア経験者がいます。その道の成功者ではないかもしれませんが、いくら成功者でも過去の栄光にあぐらをかく人物よりは、意外な能力の発揮の仕方をするのが、「やり残した感」のある人材です。つまり、まだ世の中の役に立ちたい、もっと自分の可能性を見いだせるところがあるはずだから、前向きに取り組みたいといった精神を持ち合わせるドライバーです。このような人材には過度な期待をするのではなく、少しでも活かせたらいいくらいで眺めておくとうまくいきます。

4 週休3日による介護支援

気力、体力ともに、まだまだ働けると自負されていた70代前半の模範ドライバーMさんから、ある日突然、辞意を示されました。理由を聞いてみると、「90歳代の親の介護のため」と、介護の負担でフルタイム勤務ができなくなっている現状を知りました。

そこで私が提案したのが週4勤務制（週休3日制）でした。とっさの提案でしたが、「やってみるよ」との返答に、このような柔軟な働き方の発想の必要性を強く感じました。

結果的に、2年間引き延ばして働いてもらった上で、2018年の6月に円満退社をされました。この一連の対応は将来、介護問題を抱えている現有社員に安心感や希望を抱かせたようです。

1日置きに出勤してくる高齢ドライバー2人で組ませて、週稼働6日の体制を作るといったことにもトライできるのではないでしょうか。

介護への理解は40代の共働きの社員、あるいは親と同居中の単身者からの支持を得ることにおいて有効ということもわかりました。70代まで元気に働ける会社づくりのために必要な体制をまだまだ進化させるつもりです。

当社では2019年春から、パートドライバーの採用を始めたのですが、その目的の一つが育児中の女性ドライバーの雇用でした。しかし、ふたを開けてみると、応募者はそれ以外の要介護の家族がいる人、あるいは体力の衰えにより週4日勤務を希望する高齢者などが半数以上でした。

現在、実際にそのような境遇のパートドライバー2名を採用し、今も通常より長めに設定した新人教育を受けています。私は「無理しない」「過去の経験を過信しない」とアドバイスしながら、どのような戦力になるか期待しています。

5 時給制高齢ドライバー活用術

時給制にして高齢者の働く時間を規制する必要も感じています。再雇用社員など、損得勘定抜きで気前よく動いてくれる高齢者が比較的多いです。

当社の岡山営業所には、名古屋の金融関係の会社で支店長を経験し、ドライバーとして転職してきたNさんがいます。豊富な経験を活かしてもらい、定年まで一時は営業所長も勤めていただきました。再雇用契約を機に、一般のドライバー職に戻ってもらいましたが、働き者の気性も手伝って、どんな無理も聞いてしまい、一時かなりの超過勤務になってしまいました。営業所長もNさんが元上司ということもあってついつい甘えてしまっていたようです。

私は社労士と相談し、時給制で再雇用の更新契約をすることにしました。狙いは「超過勤務にさせないこと」「短時間労働者としての活用への移行」です。それまでと同じ働き方をさせれば高給となり、人件費率が一気に引き上がり、営業所長の評価に関わってきます。いかに効率よく働いてもらうかを考えなければなりません。

必要な時間帯に必要な時間だけ働いてもらう、体力に見合った短時間勤務体系も目指します。具体的には、6時から14時で週休2日の勤務が理想と考えています。小さな子供のいる若者社員は土日休みにこだわりますし、土日出勤のコストを抑えるためにも、平日休みで土日対応要員として（高齢）再雇用者に働いてもらうのも有効でしょう。

高齢ドライバーの盲点として、歳を重ねるうちに、一人で運行すると次第に抜けが発生する傾向が顕著です。同時に複数のことができなくなります。例えばバック走行です。バックモニター、左右サイドミラー、高さなどを同時に注意ができなくなります。

この対策としては、助手をつけてバック時などは降車し、相互の4つの目で確認し合うことが事故防止につながります。

ここで重要なのは、「人は間違えるもの」というのを前提にチーム制も駆使して、お互いをチェックし合うことで事故を減らす仕組みづくりです。

6 高齢者と未経験ドライバーとの融合により「運び方改革」（分業制）を実現する

時給制で高齢者を雇用していく上での問題は、（常にツーマン体制ではないとしても）衰えをカバーするために二重にかかる人件費をどう解消するかということです。現在、最低賃金もどんどん上昇しています。助手料金を支払ってくれる気前のいい、理解ある荷主も希少だと思います。二重ということではなく、**「分業制」による効率アップ策**を検討すべき時期に来ているのではないでしょうか。

現在当社では、一人のドライバーが荷役、検品、運転、伝票処理、車両メンテナンスとオールマイティーに行なっていますが、分業制によって総労働時間の短縮につながれば、有効ということになります。

手待ち時間に何を行なうかということにも置き換えられます。以前、こんな実験を荷主の協力のもと、行なったことがあります。荷主の工場から得意先へのピストン輸送で製品を納入する荷主です。

実験前はドライバーが入庫、出荷指示伝票からピッキング、積み込み、荷の固縛、走行、通い箱のリターン輸送、荷下ろし、納品終了伝票の処理まで、一人で行なっていました。しかし、出荷指示待ちや積み込みスペースの渋滞、フォークリフト待ちなどで、「手待ち時間」が目立っていました。

そこで、このピストン輸送を文字通り、積み込みまでを別の要員（ドライバー引退高齢者）に分業し、走行だけを専門ドライバーで行なう分業方式に変えました。通い箱を積んだままで降車し、すでに製品積込が済んでいる車両に乗り替わり、間髪入れず走行するというやり方です。

結果、一日3往復が限度だったのが5往復まで可能になりました。メリットは確かにありましたが、弊害も出ました。「自分で積んでないから固縛も完璧か、走行中は不安」「納品場所の状況を知らない者が積み込むと、荷下ろしの効率が悪い」など、ドライバーからは不評だったのです。加えて、「走りっぱなしは2倍疲れる」ということでした。

途中からやり方を急変させたのもよくなかったようです。未経験者に「ピストン輸送とはこういうもの」と言い聞かせて任せれば、容易にいったのかもしれません。運び方改革をするためには「未経験ドライバーの活用」が要になると確信した次第です。

今、同業者が悩む大きな要因の一つが、ベテランドライバーの意識改革ができないということではないでしょうか。

これから運び方改革を基にした働き方改革を進めていかなくては、生き残っていけないかもしれません。ベテランの凝り固まった仕事への認識が変わるまで待っていられません。

未経験ドライバーの意識付けは、それほど困難ではないでしょう。未経験ドライバーと高齢者の持ち味を融合しながら、人材活用の仕組みづくりが構築できた会社がたくましく生き残っていくと私は確信しています。

COLUMN 7

「シニア」起用は事業発展の秘訣

とある講演会の講師の言葉が、とても印象に残った。「マニア、ジュニア、シニア」、これらが今後ビジネスでの成功を引き寄せる上で、重要なキーワードになるとのことであった。興味のあることには出費をいとわないという点で、共通しているのかもしれない。

現在、トラックドライバーの有効求人倍率は3倍を超えているが、一向に改善に向かう気配はない。この深刻な人手不足解消策にも、これら3つのキーワードがヒントになる気がしている。若者のクルマ離れが常態化する昨今、「トラックが好き」というのは「マニア」と言えるのかもしれない。また、6万事業者あるとも言われる我々運送業界でも、世代交代が着実に進んでいる。創業者「ジュニア」が社業を引き継ぎ、圧倒的に2代目以降の経営者が増えている。ジュニアが活躍することで、業界の発展にもつながるだろう。

最後に「シニア」はというと、ある機関のアンケート調査結果では、意外にも年齢層が高くなるごとに「運転には自信がある」と答える運転者の比率が増していくのだそうだ。これは「思い込み」から事故につながる、問題のある意識だ。「紅葉マーク」と呼ばれる高齢運転者標識をつけた車両を追走する場合、つい車間距離をあけたくなったりする方も多いだろう。

私はまだ実際に、この標識をつけて走行する営業用トラックを見かけたことはないが、実際には70歳以上のトラックドライバーは増えていくだろう。自信ではなく、謙虚な姿勢が前面に出るドライバーを雇用維持し、積極的に起用するノウハウの確立こそが、事業発展の秘訣ではないかと考えている。

おわりに

本書を最後までお読みいただき、ありがとうございます。

２０１３年に刊行した拙著『小さな運送・物流会社のための「プロドライバー」を育てる３つのルール』では、管理職向けの「プロドライバーの育成」がテーマでした。

２０１４年に刊行した『小さな運送・物流会社のための「プロドライバー」の教科書』では、プロドライバーとはどんなドライバーかを定義付けし、ドライバー向けに具体的なテクニックを解説しました。

２０１６年に刊行した『小さな運送・物流会社のための業績アップし続ける３つのしくみ』では、経営者向けに「業績アップのための人材の捉え方」をお伝えしました。

そして、４冊目の本書では、運送・物流業界におけるドライバーの募集、面接、採用、育成、定着の５ステップを解説しました。しかし、この５つには王道はありません。なぜなら、時代背景はどんどんと移り行くものだからです。

環境の変化のスピードは目まぐるしさを増しています。昨今の「働き方改革」が進むことで、さらに人手は足らなくなるばかりでしょう。そんな中、日々痛感するのが「働くことへの意識の変化」です。とにかく稼ぎたい人よりも、休日を大事に考える人が増えています。まさに働ける人を中心に考え、従来の仕事に人を当てはめるのではなく、人に合致する仕事を新たに作り出すべき時代が来ているのかもしれません。

私はこうした未来を見据え、「運送会社らしくない」会社づくりをしながら、事業を展開していこうと考えています。それは、私自身にとって、固定観念の打破へのチャレンジでもあります。

我々運送・物流会社は一度、発想の転換をすべき時期なのではないでしょうか。多様な働き方を考案し、新たな管理手法を編み出し、これからの時代の流れにうまく乗っていくことが大事だと私は考えています。

最後に、同文舘出版の古市編集長、編集担当の戸井田さんをはじめ、編集部の皆さんには多大なるご指導、ご支援をいただきました。深く感謝申し上げます。

株式会社ナルキュウ代表取締役　酒井　誠

著者略歴

酒井　誠（さかい　まこと）

株式会社ナルキュウ、株式会社ナルキュウ西部、鳴海急送株式会社 代表取締役
1964年生まれ。神奈川大学経済学部卒業。3年間の大手物流会社勤務の後、28歳で従業員10名、年商6,000万円の鳴海急送合資会社の3代目に就任。企業価値をいかに高めるかに主眼を置き、新会社を設立。のちに分社化をし、リスクと資本の分散化に成功。非同族ながら社長就任20年で全国7拠点（愛知、神奈川、静岡、三重、岡山、東京、茨城）、100名の従業員の物流企業グループを作り上げた。2013年には、45回全国トラックドライバー・コンテストの4t部門で社員が全国1位を獲得、官邸で安倍首相に表彰される。2014年、一般社団法人 日本トラックドライバー育成機構を立ち上げ、優良ドライバーや安全教育者の育成にも努めている。
著書に『小さな運送・物流会社のための業績アップし続ける3つのしくみ』『小さな運送・物流会社のための荷主から信頼される！「プロドライバー」の教科書』『小さな運送・物流会社のための「プロドライバー」を育てる3つのルール』（同文舘出版）など。

■鳴海急送株式会社
〒474-0001 愛知県大府市北崎町島原28番1
TEL 0562-45-5087　URL http://nalq2007.com/
■一般社団法人 日本トラックドライバー育成機構
TEL 03-6273-0732　URL http://www.jtdo.jp/
【講演等のご依頼】m.sakai@narukyu.com

小さな運送・物流会社のための
「プロドライバー」採用・定着5つのルール

2019年5月21日　初版発行

著　者 ―― 酒井　誠

発行者 ―― 中島治久

発行所　同文舘出版株式会社

東京都千代田区神田神保町1-41　〒101-0051
電話　営業03（3294）1801　編集03（3294）1802
振替00100-8-42935
http://www.dobunkan.co.jp/

ISBN978-4-495-54037-1
印刷／製本：三美印刷
Printed in Japan 2019